彭州发展新型农村集体经济的实践探索

白云峰　杨熙玲　王亚敏　著

天津出版传媒集团
天津科学技术出版社

图书在版编目（CIP）数据

彭州发展新型农村集体经济的实践探索/白云峰，杨熙玲，王亚敏著.-- 天津:天津科学技术出版社，2025.5.--ISBN 978-7-5742-2785-9

Ⅰ.F327.714

中国国家版本馆CIP数据核字第2025EF9359号

彭州发展新型农村集体经济的实践探索

PENGZHOU FAZHAN XINXING NONGCUN JITI JINGJI DE SHIJIAN TANSUO

责任编辑：张　冲

责任印制：赵宇伦

出　　版：天津出版传媒集团 / 天津科学技术出版社

地　　址：天津市西康路 35 号

邮　　编：300051

电　　话：（022）23332397

网　　址：www. tjkjcbs. com. cn

发　　行：新华书店经销

印　　刷：北京四海锦诚印刷技术有限公司

开本　787×1092　1/16　印张　13　　字数　302千字

2025年5月第1版第1次印刷

定价：78.00元

编 委 会

序言

党的二十大报告指出，“全面建设社会主义现代化国家，最艰巨最繁重的任务仍然在农村。”要巩固和完善农村基本经营制度，发展新型农村集体经济，发展新型农业经营主体和社会化服务，发展农业适度规模经营。中国式现代化，离不开农村现代化。构建新发展格局，需要农业农村的高质量发展，才能在更高水平上统筹新型城镇化和乡村振兴。发展新型农村集体经济，是塑造农业农村发展主体的关键举措，是坚持和完善社会主义市场经济体制的必然要求。当前，全国各地新型农村集体经济发展迅速，如何充分认识、及时总结、跟进推广其中的成熟经验、成功案例，是理论、实践和政策都高度关注的热点问题。围绕这一问题，有以下三个方面的认识。

一是要站在坚持和完善社会主义基本经济制度总体框架的高度上来跟进实践。党的十九届四中全会指出，“公有制为主体、多种所有制经济共同发展，按劳分配为主体、多种分配方式并存，社会主义市场经济体制等社会主义基本经济制度，既体现了社会主义制度优越性，又同我国社会主义初级阶段社会生产力发展水平相适应，是党和人民的伟大创造”。从社会主义经济建设的历史上看，所有制、分配方式和经济体制的变革进展、相互协同程度，是决定社会主义经济建设是否能够实现既定发展目标的关键体制性因素。经济建设是否能够充分服务于社会主义建设的目标，关键就看基本经济制度能否充分适应发展阶段的需要、体现的社会主义本质要求。所有制是基本经济制度中最具包容性、也最具稳定性的构成内容。在中国的改革实践历程中，所有制的变革，一直都是基本经济制度中的驱动性因素，进而因为经济体制改革的牵引性，也是改革深化的驱动性因素。站在历史维度上回看，可以清晰地发现由所有制变革形成的这种驱动力。从党的十一届三中全会以来的农村家庭联产责任制改革，到党的十八大之后渐次发生的脱贫攻坚、乡村振兴，以及在这些改革之后中国经济建设、尤其是农村经济建设发生的重大变化，都可以发现所有制变革的强大驱动力量。历史告诉我们，公有制没有一成不变的实现形式，公有制实现形式随着时代的变化而演进，是社会主义经济建设中必须一以贯之加以高度关注的重要制度领域。农村集体经济作为公有制的有效实现形式，在新时代新征程的加快发展，是公有制实现形式随着时代变化的集中呈现。新型农村集体经济的实现，是公有制主体地位的有机构成部分。由此展开的集体经济发展实践，旨在进一步培育、巩固、建强社会主义基本经济制度在农村的微观主体载体，进而为新发展格局在广度和纵深上的拓展创造基本动力机制。有了这一认识，对发展新型农村集体经济的实践的跟进研究才能在明确理论基础深入展开。

二是要紧密结合农村经济社会发展现实来检验理论。习近平总书记指出，“在中华大地上推进改革开放伟大事业，我们的老祖宗没有讲过，其他社会主义国家也没有干过，只能通过实践、认识、再实践、再认识的反复过程，从实践中获得真知”。党的十八大以来，农业发展的趋势，就在于以更高质量的发展来牵引农村的变革。发展新型农村集体经济，就是要找到能够承担这一牵引任务的、符合农村发展实际的市场主体。农业农村发展，因为各地资源、环境、禀赋的差异，并不存在整齐划一的模式。发展新型农村集体经济，经济发达地区与欠发达地区、农区和牧区、山区和平原、城镇周边的农村和远离城镇的农村，情况各自不同。如何摸清家底，如何凝聚合力，如何做实治理，土地如何使用，如何发展主业，如何形成长效机制，又如何以加强党的领导来统筹推进这些工作，既需要理论指导，更必须鼓励地方实践。理论是否正确只能在实践中加以检验。如果说乡村振兴是一张蓝图，那么这张蓝图变成现实，一方面需要各地的实践提供素材，也需要理论提供框架。新时代以来农村改革的变化就在于在鼓励基层探索的基础上，加强对改革的顶层设计。这样做，就是要在多样化的基层实践基础上，通过制度辨识、筛选出在整体层面上具有共性的案例，进而为农村市场主体理论建设奠定充分的实践基础。从《农村集体经济组织财务制度》《农村集体经济组织示范章程（试行）》到《农村集体经济组织法》的制度建设，我们也看到，这样的改革实践思路正在产生出丰硕的实践成果。

三是要围绕中国式现代化战略来总结经验。发展新型农村集体经济，工作千头万绪，既要针对当前存在的现实困难补齐短板，又要针对可持续发展打牢基础，更要注重回应和解决好群众关心的事情，营造合力抓建设、促发展的良好社会氛围。

如何抓住重点？新型农村集体经济，如何做好效益与功能的统筹？党的二十大报告指出，“中国式现代化是全体人民共同富裕的现代化”。习近平总书记强调：“实现共同富裕不仅是经济问题，而且是关系党的执政基础的重大政治问题。”“促进共同富裕，最艰巨最繁重的任务仍然在农村。”农业农村是中国式现代化建设的主战场，是高质量发展这一首要任务的重要内容。发展新型农村集体经济，必须坚定不移地走共同富裕之路。要站在整体的维度上来看待和推动农村集体经济发展，确保集体经济持有有效资产、构建规范治理结构、保持良性运转，促使一批新型农村集体经济的典型代表，在长期发展的进程中，逐步成长为能够联系城乡、统筹工农的新型微观市场主体。

基于以上理论认识看《彭州发展新型农村集体经济的实践探索》一书。可以发现，本书提供了农村集体经济发展的理论基础，分析了彭州农村集体经济发展的现状及政策，展示了彭州市农村集体产权制度改革历程、新时代典型案例，研究了其中蕴含的经验启示，全面充分反映了彭州对新型农村集体经济发展的实践探索和理性思考。该书回顾的发展历程，生动体现了公有制经济在不同历史时期在农村的微观实现样态；该书呈现的新时代案例，鲜活展示了四川农村集体经济发展的经验；该书提出的启示，也正是对中国式现代化进程中促进共同富裕的基层思考与实践凝练。

目录

第一章　农村集体经济的内涵特征

农村集体经济是指在农村地区，由农民集体组织和经济主体通过合作与共赢实现共同发展的经济模式。其核心特征体现在集体所有制、共同收益、资源共享等方面。农村集体经济通过资源的集体拥有和管理，实现了土地、劳动力、资本等要素的高效配置。集体经济的发展有助于增加农民收入，改善农村基础设施，推动农村社会的共同富裕。集体经济注重合作共赢，增强了农村的凝聚力和集体意识，促进了经济与社会的和谐发展。

第一节　农村集体经济组织的基本内涵

一、农村集体经济组织的含义

农村集体经济组织是以农民集体为主体，通过共同占有、管理和使用生产资料从事经济活动的组织形式。这类组织以集体所有为基础，确保资源配置的公平与高效。其运作以合作共赢为核心原则，实现成员利益的最大化。农村集体经济组织不仅在经济活动中发挥重要作用，还在推动乡村治理与社会建设中展现了独特价值。通过其运作，农村资源得以整合，农民收入得到提升，农村发展迈向共同富裕。

二、农村集体经济组织的内涵

（一）集体所有制基础

集体所有制是农村集体经济组织的基础，它意味着农村生产资料和土地等资源不再由单个农户拥有，而是由集体共同拥有和管理①。在这种模式下，集体经济组织对土地、劳动力、资金等资源进行统一的规划和利用，确保资源配置的高效性与科学性。集体所有制能够解决资源分散的问题。在传统的个体经营模式下，土地和资源的过度分割导致了低效和浪费。而集体所有制则通过集体化经营，将分散的资源整合起来，从而实现资源的集约化管理，提高生产效率，推动农业现代化。通过将土地等资源集中使用，集体经济能够实现规模化生产，这不仅降低了生产成本，还能够提高生产效益。集体经营模式使得农业生产能够覆盖更广的领域，从而实现规模化经营和专业化分工，进一步提高了生产力水平。在传统的家庭经营中，个体农户往往因资源限制而无法进行大规模生产，导致资源无法充分发挥作用。集体经济组织则通过统一调配和管理资源，能够合理规划土地使用，避免了重复投资和资源浪费。这种集体管理模式不仅提高了土地的使用效率，还推动了集体经济的长期发展。

（二）共同利益和共同决策

在农村集体经济组织中，共同利益和共同决策是其核心要素。集体经济组织通过民主决策机制，确保每个成员在参与组织运营与发展的过程中，能够享有平等的决策权。共同决策有助于集体利益优先于个人利益。在集体经济组织中，所有成员均参与经济活动的决策，通过共同商讨确定发展方向与利益分配方式。这种决策机制确保了组织的整体利益高于个体的短期利益，推动了组织的长远发展和集体成员的共同富裕。集体经济组织中的民主决策机制增强了成员的参与感与归属感。农民通过参与决策，了解并能够影响组织的经营方向和发展规划，从而增强了对组织的认同与责任感。这种共同参与的决策方式，推动了集体经济组织的稳定和持续发展，同时也使得集体成员在经济活动中拥有更多的权利和义务，避免了单一领导模式下的决策失误和资源浪费。通过集体决策，成员之间能够形成良好的沟通与合作关系，这不仅促进了集体经济的快速发展，也推动了农村社会的和谐与稳定。集体经济组织作为乡村治理的重要组成部分，能够调动资源，为乡村发展提供重要保

---

① 董法尧，郭坤龙．发展新型农村集体经济促进共同富裕的创新路径——以成都彭州市龙门山镇为例［J］．山东干部函授大学学报（理论学习），2023（8）：23－28.

障，减少社会矛盾，提高乡村的凝聚力。

（三）资源整合与产业发展

农村集体经济组织在推动农业产业化、规模化发展方面发挥着重要作用，尤其是在资源整合方面。集体经济组织通过整合土地、劳动力、资金等资源，打破了传统农业生产中资源分散、低效利用的局面。通过集中管理和优化配置，土地得到更加集中使用，避免了土地的零星分散耕种，使得土地利用更加高效。在劳动力方面，集体经济组织通过合作分工，提高了劳动生产率，增强了农民参与现代化农业生产的能力。集体经济组织能够将农业生产的各个环节进行整合，包括种植、养殖、加工及销售等，从而提升整体生产效益。通过规模化生产，集体经济组织能够大幅降低生产成本，提高农产品的市场竞争力。这种规模化生产不仅使得农业生产更具可持续性，还推动了农产品的标准化、品质化，增加了市场销售的渠道和盈利空间。集体经济组织还通过资源整合推动了农产品加工和销售的多元化。在传统农业中，农民通常只关注农产品的初级生产，而集体经济组织通过资源整合，推动农产品向深加工方向发展，提升附加值，拓展了新的经济收益来源。通过合作，集体经济组织能够实现农产品的统一采购、加工和销售，减少了中间环节，提高了整体市场占有率。

（四）社会服务与乡村治理

农村集体经济组织不仅承担着经济职能，还在社会服务和乡村治理方面发挥了重要作用。集体经济组织通过提供社会服务，改善了农村居民的生活条件。在教育领域，许多集体经济组织通过建立或支持农村学校和培训中心，为农民提供教育机会，提高其文化水平和技能，进而促进农村人口素质的提升。在医疗方面，集体经济组织也为农村提供了医疗保障，通过建设村卫生室、提供基本医疗服务，确保农民能够享受基本的医疗保障，减少因病致贫的风险。通过集体经济的力量，农村集体经济组织可以投入道路、供水、电力等基础设施的建设中，改善农村的基础设施条件，提升农民的生产生活环境。基础设施的完善不仅为农民提供了更好的生活条件，也为农业生产提供了更加便利的条件，促进了农村经济的整体发展。集体经济组织通过促进村民自我管理、自我服务，增强了农村社会的组织化程度，推动了乡村的民主化进程。集体经济组织通过开展村规民约、组织集体决策，改善了村民之间的沟通与合作，促进了农村社会的和谐稳定。这种治理模式能够有效地整合村民的力量，解决一些传统村庄治理中的矛盾与问题，提升了乡村的整体治理水平。

（五）创新发展与可持续性

随着现代化进程的加速，农村集体经济组织在发展过程中逐渐重视技术创新与绿色发展，以提升经济效益并实现可持续性目标。技术创新是推动集体经济组织提升生产力和竞争力的重要手段。许多集体经济组织通过引进先进的农业生产技术，例如智能化灌溉、精准农业等，大幅提高了农业生产效率和农产品质量。技术创新不仅优化了生产过程，还降低了生产成本，使得集体经济能够更好地适应市场需求，提升了农民的收入水平。为了应对环境污染和资源过度消耗的问题，农村集体经济组织越来越重视生态友好型生产方式。通过采用生态农业、循环经济等绿色发展模式，集体经济组织在推动经济增长的同时，也积极保护生态环境。例如，许多集体经济组织推广有机农业，减少化学肥料和农药的使用，推动农业生产方式的转型，以实现农业的可持续发展。绿色技术和管理模式的引入不仅优化了农业生产，还推动了农村集体经济的长远发展。通过采取环保技术和合理的资源管理，集体经济组织能够在满足当前生产需求的同时，保护好土地、水源和空气等自然资源，确保后代能够享受到与当前相等甚至更好的环境条件。这种可持续性发展战略不仅提升了集体经济的竞争力，也为乡村振兴提供了坚实的生态基础。

第二节　农村集体经济组织的主要特征

农村集体经济组织具有集体所有制性质，资产和资源由集体成员共同拥有，收益用于集体利益。它不仅追求经济效益，还注重社会公益，强调农民福利与社区发展。通过民主决策，集体成员参与管理，确保自治和透明运营。灵活性是其显著特征，经营模式根据当地资源与市场需求调整。国家政策支持和引导为其发展提供保障，同时集体经济组织积极承担社会责任，推动农村社会的综合发展，促进资源整合与合作。

一、集体所有制性质

农村集体经济组织的资产、资源和经营成果由集体成员共同拥有和使用，体现了集体所有制的本质属性。作为一种独特的经济形式，其核心在于强调集体成员的共同利益，通过资源的合理配置和共享，实现经济效益和社会效益的统一。资产的管理与分配遵循公平原则，以保障全体成员的基本权益为目标，同时兼顾组织的可持续发展。这种经济组织的基础是农村社区的共同需求和利益，其运行以集体经济为纽带，将分散的个体力量凝聚起来，形成更强的竞争力和抗风险能力。通过集中资源优势，农村集体经济组织能够有效提升资源的利用率，同时为社区成员提供更加稳固的经济保障。在这个过程中，集体所有制不仅是组织存在的经济基础，更是维系农村社会稳定的重要支柱。

集体经济组织的收益分配注重公平性，通常用于集体成员的共同福利和农村基础设施建设。与单纯的营利性企业不同，它更关注社区整体的长远利益，而非短期的个人收益。集体成员能够通过民主方式参与分配决策，确保每一位成员的合法权益得到尊重，从而增强组织内部的凝聚力和成员的归属感。农村集体经济组织还通过各种形式体现其社会责任，参与农村公共事务和社区治理。其所有制性质决定了它必须兼顾社会效益和经济效益，特别是在推动农村基础设施建设、改善农民生活条件方面发挥着重要作用。这种双重目标的实现不仅增强了集体经济的活力，也为农村经济社会的协调发展提供了有力支持。

农村集体经济组织通常在资源管理中采用集体协商和民主决策的方式，确保资产的合理配置和高效利用。这种管理方式不仅符合集体所有制的要求，还能够充分调动成员的积极性，促进资源利用效率最大化。通过民主协商机制，集体成员能够直接参与经济活动的规划与实施，从而增强对组织的认同感和参与感。集体所有制性质使得农村集体经济组织在资源整合与共享方面具有显著优势。它能够将分散的土地、劳动力等资源整合为整体优势，形成更大的规模效益。这种资源整合不仅提升了生产效率，还促进了区域经济的发展，为乡村振兴提供了坚实的经济基础。

二、非营利性与公益性

农村集体经济组织在运行过程中，其非营利性和公益性特点尤为突出。与普通商业企业不同，它并不以利润最大化为唯一目标，而是致力于服务农村社区、提高农民生活水平，为农村社会的长远发展提供助力。通过对经济资源的合理分配与运用，这类组织实现了社会效益与经济效益的平衡发展，充分体现了服务于民的根本宗旨。这种经济组织不仅关注经济效益的实现，更强调通过公益性目标的达成，推动农村社会的全面进步。例如，在基础设施建设中，农村集体经济组织往往投入大量资金和资源，用于修建道路、完善水利设施和改善公共服务，从而显著提高了农村社区的生活质量。这些公益性行为不仅造福集体成员，也为整个农村社会的发展创造了积极条件。与此同时，农村集体经济组织通过多种方式推动农民共同富裕，确保全体成员能够公平地分享经济发展成果。这一目标的实现通常表现为集体收入的再分配，例如为农民提供教育、医疗、养老等福利服务，从而增强其生活保障能力。这种公益性特征使得农村集体经济组织成为农村社会稳定的重要力量。

农村集体经济组织的非营利性还体现在其资源利用和经营模式上。相比于单纯追求盈利的企业，集体经济组织更注重资源的长期可持续利用，以确保未来发展空间的拓展。通过引导农民合理使用土地、水源等自然资源，既保护了生态环境，也为农村经济发展奠定了坚实基础。在实际运作中，这些组织始终将维护集体利益放在首位，以服务农村发展为核心任务。例如，在农业生产过程中，集体经济组织通常通过合作的方式整合农民资源，提升生产效率，同时通过市场化运作为农产品开拓销售渠道，帮助农民增收。这种以公益为导向的运营方式，既减轻了个体农民的经济负担，又增强了集体的市场竞争力。农村集体经济组织在服务社区的同时，也肩负着改善农村社会环境、增强社会凝聚力的责任。通过组织文化活动、开展村民教育等方式，这些组织不仅提升了农村社区的文化氛围，还促进了集体成员之间的团结协作。其公益性和非营利性的结合，使得农村集体经济组织在推动乡村振兴战略实施中发挥了不可替代的作用。

三、基层自治与民主决策

农村集体经济组织的基层自治与民主决策是其运行的重要特征，也是其得以长久发展的根本保障。这种自治管理模式确保了集体成员在组织事务中的主体地位，通过广泛的民主参与，使集体经济的决策更加符合全体成员的利益和需求。自治管理的实施，不仅增强了成员的归属感和参与感，也使得组织的运行更加透明和高效。集体经济组织的领导者通常由成员民主选举产生，这种方式充分体现了公平和公开的原则。在选举过程中，集体成员能够表达个人意见，选择最具能力和公信力的人担任管理者，从而确保领导层的决策能够代表大多数成员的意愿。农村集体经济组织还通过民主决策机制，使成员直接参与到组织的运营中。重大事项的决策通常需要召开成员大会或理事会，由全体成员共同讨论和表决。这种形式不仅避免了权力的过度集中，也防止了决策过程中可能出现的不公正和失误，提高了组织运行的透明度和合法性。

在具体实践中，民主决策的优势还表现在资源分配和收益分红等关键问题上。集体经济组织通过民主协商，确保资源分配更加合理，利益分配更加公平，最大限度地维护成员的利益。例如，在土地流转收益的分配中，成员能够直接参与讨论并投票决定分配方案，从而增强了对组织的信任。此外，自治管理和民主决策还有效促进了集体成员的团结协作。通过共同参与组织事务，成员之间的关系更加紧密，集体内部的凝聚力和向心力不断增强。这种良性的内部环境，为集体经济的持续发展提供了重要的社会基础。基层自治与民主决策的实施还能够有效提高组织的抗风险能力。在面临市场波动或自然灾害等不确定因素时，集体成员可以通过民主协商共同商议应对方案，快速达成共识。这种集体智慧的汇聚，使得组织在复杂环境下能够做出更为理性的选择。

四、经营多样性与灵活性

农村集体经济组织具有显著的经营多样性和灵活性，这种特性使其能够在不同的经济环境中充分发挥自身优势，推动农村经济的全面发展。它的多样性表现为涵盖了农业、农村工业、服务业等多个领域，既满足了传统经济的需求，也为新兴经济形式提供了发展空间。通过综合利用各种资源，集体经济组织实现了资源效益的最大化。这种多样性使得农村集体经济组织能够根据不同地区的资源条件发展多元化经济。例如，在农业方面，它可以集中力量进行规模化种植和高效生产，从而提高农产品的市场竞争力。在农村工业中，集体经济组织可以利用当地的原材料资源，发展加工产业，实现农业与工业的有机结合。而在服务业方面，集体经济组织可以通过开发乡村旅游、提供物流服务等方式，增加集体和成员的收入来源。面对市场需求的波动和政策环境的调整，它可以及时调整经营方向和发展重点。例如，在传统农业收入增长空间有限的情况下，集体经济组织可以转向发展高附加值的特色产业，如生态农业、有机种植等，从而实现经济效益的提升。这种灵活调整能力为其应对外部环境的不确定性提供了保障。

在实践中，许多农村集体经济组织还积极探索新型经营模式，如通过土地流转集中经营、引入现代化农业技术、开展农产品电子商务等，实现了传统经济与现代经济的有效融合。这些创新举措不仅为集体经济注入了新的活力，也为农村地区的发展提供了更多可能性。与此同时，这种经营多样性和灵活性还推动了农村社区的全面发展。通过发展乡村旅游和特色产业，许多集体经济组织在带动本地经济发展的同时，也提升了农村的整体形象和吸引力。例如，许多农村地区通过打造“农业＋旅游”的模式，吸引了大量游客前来体验乡村生活，不仅促进了当地经济，还增加了居民的就业机会和收入。农村集体经济组织的多样性和灵活性还为乡村振兴战略的实施提供了重要支持。通过优化资源配置、创新经营模式，集体经济组织能够更好地服务于乡村振兴的各项目标，如促进农村产业兴旺、推动生态宜居和实现农民生活富裕。这种与时俱进的经营方式，使得集体经济组织能够在新时代的背景下发挥更大的作用。

五、国家支持与政策引导

农村集体经济组织的发展离不开国家的支持和政策引导，这种支持是其能够持续增长和发展的重要动力。国家通过在多个领域提供政策扶持，帮助集体经济组织解决发展过程中遇到的困难，确保其顺利运作并取得良好成效。特别是在农业补贴、财政支持和税收优惠等方面，国家的投入不仅为集体经济提供了必要的资金保障，也促进了其经济活力的释放。通过补贴政策，国家能够直接提高农民收入，减轻集体经济组织的生产成本，尤其是在种植业和养殖业中，补贴能够有效缓解市场价格波动带来的风险。此外，国家还通过农业补贴推动农业科技创新和绿色农业发展，提升农产品的质量和市场竞争力，进一步促进农村集体经济的可持续发展。在财政支持方面，国家通过专项资金和财政贴息等形式，为集体经济组织提供了有力的资金保障。例如，国家通过设立专项扶持基金，支持农村集体经济组织开展基础设施建设、乡村振兴项目以及农业产业化运营等。这些财政支持帮助集体经济组织更好地解决资金短缺问题，加速了产业发展，提升了集体经济的市场竞争力。

通过减免税收、提供税收返还等方式，国家减轻了集体经济组织的税收负担，为其创造了更宽松的经营环境。税收优惠政策鼓励农村集体经济组织扩大生产规模，增加投资，推动产业升级，进而带动更多的就业机会和经济效益。国家还通过政策引导推动集体经济组织向着更为健康和可持续的方向发展。国家不仅在资金上提供支持，还通过制定和完善相关法律法规，确保集体经济组织在合法合规的框架下运营。政策的引导作用体现在多个方面，如推动资源的合理配置、支持集体经济组织加强自主创新、鼓励开展合作与协同发展等，这些都为集体经济的发展奠定了制度基础。国家还通过加强与农村集体经济组织的合作，帮助其拓展市场渠道、引导产业结构调整以及推进农业现代化等方面的改革。这种引导不仅能够提高集体经济组织的市场竞争力，还能助力其在市场化的过程中不断优化和完善自身的发展模式。

六、社会责任与参与农村发展

农村集体经济组织不仅仅是经济发展的参与者，它们还肩负着重要的社会责任，积极推动农村社会的综合发展。这些组织在提供经济支持的同时，主动参与本地基础设施建设、公共服务提供以及教育和医疗等方面，为农村社区的整体发展作出积极贡献。通过这种社会责任的履行，集体经济组织不仅促进了经济的繁荣，还提高了农村居民的生活质量，推动了社会的和谐与稳定。在基础设施建设方面，农村集体经济组织通过集体资金投入或协调外部资源，积极参与到乡村道路、水利、电力等基础设施的改善中。例如，许多农村集体经济组织主动出资修建或改造乡村道路，改善交通条件，提高了农民的出行便利性。此外，集体经济组织还参与到水源开发、灌溉设施建设和乡村电网改造等工作，为农业生产提供了坚实的基础保障。在公共服务方面，农村集体经济组织通过集体出资或与政府部门合作，改善农村公共服务设施的建设，推动农村社会服务的覆盖面和质量提升。例如，集体经济组织参与建设公共文化设施、提供农村老龄化群体的社会服务等，有效提升了农民的文化素质和生活质量。在这些服务项目中，集体经济组织往往将农民的实际需求放在首位，从而保证了公共服务的精准性和高效性。

许多农村集体经济组织通过设立奖学金、捐赠教育资金等方式，支持本地的教育事业，尤其是改善贫困地区的教育条件。此外，集体经济组织还通过投资建设乡村卫生站、支持医生培训等方式，促进农村医疗资源的提升，帮助农民更好地享受基本医疗服务。这些举措不仅促进了教育与医疗资源的公平分配，也有效提高了农民的整体素质和健康水平。通过承担社会责任，农村集体经济组织不仅仅在经济上造福成员，也为农村社会的长远发展打下了坚实的基础。这种责任感和使命感推动了集体经济组织向着更加全面的目标发展，不仅关注经济效益，也更加注重社会效益的实现。尤其在新形势下，集体经济组织在推动乡村振兴、社会治理和生态建设方面，发挥着越来越重要的作用，成为农村综合发展不可缺少的力量。

第三节　农村集体经济组织与村民委员会的关系

农村集体经济组织与村民委员会虽然在职能上有所区别，但它们在乡村治理和发展中息息相关，彼此间的协调和合作是推动乡村经济、社会和文化持续发展的关键。两者通过利益共享、资源整合和共同推动乡村振兴战略，为农村的繁荣和稳定提供了有力保障。

一、职能互补与协同发展

（一）集体经济组织与村民委员会的职能分工

农村集体经济组织主要负责村级经济管理，涵盖农业、工业以及服务业等多个领域，推动生产经营活动，提升集体经济发展水平。其职能重心在于推动经济项目的实施和资源的有效配置，提升村集体的经济效益，并通过发展多元化产业来增加村民收入。相比之下，村民委员会则侧重于基层政治和社会管理，主要负责村民自治、社会稳定、公共服务等工作，保障村民的基本权益和生活需求。

（二）集体经济组织与村民委员会的协同作用

尽管集体经济组织与村民委员会在职能上有所不同，但两者在村级治理中具有重要的协同作用[①]。集体经济组织通过带动经济发展和提供就业机会，增强了村民

① 杨慧．新型农村集体经济与“三治融合”协同发展的乡村振兴路径——基于彭州市的调查［J］．西部发展研究，2021（2）：119－134.

的经济能力和生活水平，为村民委员会的社会管理和服务提供了物质保障。村民委员会则通过组织村民参与决策、调解纠纷等工作，确保集体经济活动不偏离民众利益，实现社会和谐与稳定。两者在工作中互为支持、相辅相成。

（三）共同推动村级经济和社会发展

集体经济组织和村民委员会通过各自的职能和责任，共同推动村级经济和社会的协调发展。集体经济组织的经济项目为村民提供了收入来源，同时提升了村民的幸福感和满意度。村民委员会则通过有效的社会治理和公共服务保障，增强了村民的社会归属感和凝聚力。两者共同推动的乡村振兴和社会治理，使得村级经济不仅在财富层面得到提升，更在社会和文化层面实现了协调发展。

二、决策与执行的分工合作

（一）集体经济组织与村民委员会在决策中的分工

在决策过程中，农村集体经济组织与村民委员会各自承担着不同的责任。集体经济组织负责经济发展相关的决策，涉及农业生产、土地资源利用、产业发展等方面的规划。这些决策通常需要结合村民委员会的意见，以确保集体经济活动符合集体成员的利益。而村民委员会则在决策中代表全体村民，特别是在涉及集体土地、资源配置、社会服务等重大事务时，起到了连接村民与集体经济组织之间的桥梁作用。通过集体决策机制，集体经济组织能够有效地协调村民的需求和资源的分配。

（二）集体经济组织为村民委员会提供执行支持

在执行过程中，村民委员会依靠集体经济组织的支持来完成各项任务。例如，在乡村振兴战略实施过程中，村民委员会负责政策宣传和动员，而集体经济组织则通过提供资金和资源支持，确保项目得以落地。集体经济组织的资金投入和项目经验为村民委员会提供了必要的执行保障。在基础设施建设、公共服务提供等方面，村民委员会需要集体经济组织的协助，才能顺利完成各项任务，实现村级经济和社会发展的目标。

（三）共同推动项目实施与社会发展

农村集体经济组织和村民委员会通过分工合作，共同推动村级项目的实施。例如，在推动农业产业化、乡村旅游、环境治理等项目时，两者的合作至关重要。集体经济组织提供专业的管理和资金支持，而村民委员会则参与协调村民的积极性，确保项目的顺利开展。通过共同的努力，集体经济组织与村民委员会能够有效整合各自的优势资源，确保乡村振兴战略和各类社会发展项目的顺利推进，促进农村经济、社会、文化等领域的全面提升。

三、利益协调与资源共享

（一）集体经济组织与村民委员会的利益代表性

集体经济组织通过盈利和资源配置实现村级经济的增长，但这一过程中的利益分配直接关系到村民的切身利益。村民委员会作为村民利益的代表，负责保障集体经济活动的结果能够真正惠及全体村民。村民委员会不仅要反映村民的需求，还要调解不同群体间的利益冲突，确保资源分配公平合理，防止部分利益集团的过度集中和村民利益的侵害。两者通过有效的沟通与协调，使集体经济组织的收益能够实现全体村民的共同受益。

（二）通过协商机制实现利益协调

农村集体经济组织与村民委员会需要建立定期沟通和协商机制，解决在经济发展过程中可能出现的利益分歧。在一些涉及资源配置、土地流转、产业选择等关键问题时，集体经济组织和村民委员会需要共同参与决策，进行充分的讨论和协商，以确保各方利益的平衡。村民委员会的调解作用非常重要，它能够在决策过程中促进不同利益群体的充分表达和公正处理，避免决策失衡和社会矛盾的激化。通过这样的协调机制，集体经济组织的经济增长能够与社会稳定和公平分配相结合。

（三）资源共享与社会效益的双赢

资源共享是实现利益协调的重要途径。集体经济组织和村民委员会在资源的管理和分配上应当实现互补和共享，尤其是在公共资源、基础设施建设、乡村振兴等领域。集体经济组织通过合理配置土地、资金等资源，推动产业发展，而村民委员会则确保资源共享的公平性，使得村民能够共享集体经济带来的发展成果。这种共享机制有助于增强村民的参与感和归属感，同时也能够最大限度地提升集体经济和社会效益的双重增长。通过资源共享和利益协调，集体经济组织与村民委员会实现了共赢的局面。

四、共同推进乡村振兴战略

（一）村民委员会的政策推动与落实

在乡村振兴战略的实施过程中，村民委员会发挥着基层政策执行的关键作用。它负责将上级的政策和战略落实到村级，确保村民知晓并积极参与其中。通过组织村民开展培训、宣传乡村振兴政策，村民委员会可以调动集体经济组织和村民的积极性，促进政策的顺利实施。同时，村民委员会还承担着协调矛盾、解决问题的职能，在实施过程中处理好村民的利益诉求和现实需求，推动乡村振兴战略的实际落地。

（二）集体经济组织的资金支持与产业发展

集体经济组织通过提供资金支持和推动产业发展，积极参与乡村振兴战略的实施。它通过引入资本、开展项目、投资农业产业化等手段，直接推动乡村经济的转型和发展。例如，集体经济组织可以支持农业现代化、乡村旅游、特色产业等项目，为村民提供更多就业机会和经济收入来源。此外，集体经济组织还可为基础设施建设提供资金支持，推动公共服务和社会事业的提升，从而为村民的生产生活条件改善提供保障，推动乡村振兴战略的全面实现。

（三）协同合作实现乡村振兴目标的共赢

农村集体经济组织与村民委员会通过密切协作，共同推动乡村振兴战略的实施。村民委员会的组织与协调作用能够确保集体经济组织的项目与村民的需求相契合，避免资源的浪费和矛盾的加剧。而集体经济组织的资金、技术和项目优势则能有效推动农业、工业及服务业等多领域的融合发展，提升乡村经济的综合竞争力。在基础设施建设、教育医疗、环境整治等领域，集体经济组织提供的资源支持和村民委员会的组织能力相结合，能够确保乡村振兴战略实现农村经济和社会的协调发展，最终达到乡村振兴的目标。

五、文化建设与社会治理

（一）村民委员会推动文化建设与思想政治工作

村民委员会在乡村文化建设中扮演着重要角色，它通过组织文化活动、宣传思想政治工作，增强村民的集体意识和社会责任感。通过开展传统节日庆典、文艺表演、乡风文明建设等活动，村民委员会能够提升村民的文化素养，弘扬良好的乡村风气，增进村民的凝聚力。同时，村民委员会还负责开展思想政治教育，强化村民的法治意识和社会责任感，推动农村形成和谐、文明的社会氛围。

（二）集体经济组织提供物质基础支持文化发展

集体经济组织通过创造经济价值，提升了村民的生活水平，为乡村文化建设提供了坚实的物质基础。随着集体经济的增长，村民的经济状况得到改善，这为开展文化活动、建设公共文化设施和组织文化交流提供了必要的资金保障。集体经济组织的资金投入和项目支持，不仅促进了农业和产业发展，还帮助改善了村庄的文化环境，如建设文化广场、乡村书屋等，丰富了村民的精神文化生活。

（三）合作推动社会治理与文化建设的融合

集体经济组织与村民委员会在文化建设和社会治理方面的合作，推动了农村社会的全面发展。两者的密切配合不仅促进了经济和文化建设的同步提升，还加强了社会治理的有效性。集体经济组织通过提供经济支撑，改善基础设施和公共服务，为社会治理提供了物质保障。而村民委员会通过组织管理、社会动员，确保文化建设和社会治理措施得以落实，增强了农村社会的凝聚力和自我治理能力。通过这种合作，乡村振兴不仅在物质层面得到推进，也在精神层面形成了良好的社会文化基础。

六、监督与制约关系

（一）村民委员会监督集体经济组织的决策

集体经济组织的决策涉及村民的经济利益，因此，村民委员会需要发挥监督职能，确保集体经济活动符合村民的最大利益。村民委员会通过对集体经济组织的日常管理和重大决策进行监督，能够防止权力的滥用和资源的不公分配。特别是在涉及资金使用、资源配置、土地流转等关键问题时，村民委员会通过审查和评估集体经济组织的运营情况，确保决策透明、公正，避免集体经济资源被少数人或特定利益集团所控制。

（二）促进集体经济组织的自我改进与规范管理

村民委员会的监督不仅能防止资源的不公分配，还能促进集体经济组织自我改进。通过对集体经济决策的反馈和监督，集体经济组织能够发现管理中的不足和问题，并在村民委员会的建议下优化经营模式和管理方式。例如，村民委员会可以提出提高透明度、优化资源分配等改进措施，集体经济组织则可以根据这些意见进行调整，从而提升自身的治理能力和运营效率，确保集体经济的长期健康发展。

（三）实现集体经济健康发展的制度化保障

集体经济组织与村民委员会之间的监督制约关系，有助于建立健全的管理制度和长效机制。这种制度化的监督不仅确保了资源的合理使用，还推动了集体经济组织向着更加规范和透明的方向发展。村民委员会通过定期审计、公开财务报告等方式，加强对集体经济组织的监控，提升其责任感和执行力。同时，这种监督机制也能增强村民对集体经济组织的信任，进一步促进集体经济的稳定增长与可持续发展。

第四节　农村集体经济组织与农民专业合作社的区别

农村集体经济组织以集体经济为基础，成员共同拥有资源并追求集体利益，而农民专业合作社则由农民自愿组成，重点提升个体经济效益。集体经济组织侧重资源共享和社会效益，而合作社更关注生产合作与市场导向。集体经济组织的管理通常由集体决策主导，而合作社采用民主选举机制，注重成员自治和市场竞争力的提升。

一、组织性质的不同

农村集体经济组织是以集体经济为基础，属于集体所有制性质的经济组织，旨在推动农村集体经济的发展。它的资产、资源和收益归全体成员所有，重点关注集体的共同利益。而农民专业合作社则是由农民自愿联合组成，主要目的是提高农民的生产效益和市场竞争力，专注于农业生产与经营活动。其核心是以农民为主体，旨在提升农民个体经济的收益和生产力，强调成员的自主性和经济合作。

二、发展目标与运作模式的不同

农村集体经济组织的主要目标是通过集体化经营，实现资源共享和经济收益的集体化分配，推动集体经济和社会福利的综合提升。它不仅关注经济效益，还强调社会效益和集体福利。而农民专业合作社的主要目标是提升农民的生产能力和市场竞争力，帮助成员更好地进行生产、加工、销售等方面的合作，最大化农民个人的经济利益。运作模式上，农村集体经济组织通常涉及较广泛的资源和产业领域，而农民专业合作社更侧重于特定农产品或服务的合作和共享。

三、成员构成与管理方式的不同

农村集体经济组织的成员是全体集体经济组织内的成员，通常是某个村庄或地区的集体成员，成员资格是固定的，依赖于集体的性质和规则。管理上，农村集体经济组织通常采用集体决策与民主管理的模式，强调集体决策与利益分配的公正性。而农民专业合作社的成员是以农民为主体，成员自愿加入，且具备较强的灵活性和流动性。管理上，农民专业合作社通常采用民主选举和成员投票决策机制，具有较高的自治性，注重成员的利益平衡和经营透明度。

四、经营领域与市场导向的不同

农村集体经济组织经营的领域较为广泛，可能涉及农业、工业、服务业等多个方面，力求推动区域内的多元化经济发展，满足集体经济和社会发展的需求。集体经济组织往往具有较强的地方支持和政策扶持。相比之下，农民专业合作社的经营领域相对狭窄，通常集中在某一农产品的生产、加工或销售，强调提高农产品的市场竞争力和附加值，具有明显的市场导向性。农民专业合作社更注重通过规模化生产和资源整合，提高农民的经济收入和市场话语权。

五、政策支持与资金来源的不同

农村集体经济组织通常得到地方的政策扶持和资金支持，特别是在农村土地流转、集体资产管理等方面，资金来源不仅来自集体内部，还包括政府补贴、财政资助等外部支持。而农民专业合作社的资金来源主要依靠成员的投入和自我积累，政府的支持虽然也有，但相对较少，更多依赖市场运作和成员间的合作。农民专业合作社需要通过市场机制获取资金和资源，较少依赖政府直接的财政扶持。

第二章　农村集体经济的发展演进

集体经济组织主要关注集体利益，成员为全体集体成员，运营广泛，涵盖农业、工业等多个领域。相比之下，农民专业合作社则专注于农业生产，旨在提升成员个人经济效益。集体经济组织更依赖国家支持和政策扶持，而合作社资金主要来自成员投入和市场运作。两者管理模式不同，集体经济组织实行集体决策，合作社则采用成员民主决策。

第一节　过渡时期农村集体经济的初创发展阶段

过渡时期，农村集体经济进入了初创发展阶段。在这一阶段，随着农村改革的逐步推进，集体经济的雏形开始显现，村集体组织逐步承担起经济管理和社会事务的责任。与此同时，农民的生产积极性逐渐被激发，集体经济在农业生产和土地管理方面发挥着重要作用。尽管面临诸多挑战，过渡时期为农村集体经济奠定了基础，政策的支持和资源的整合使其逐步走向规范化发展。

一、农村集体经济的初步形成

1949 年中华人民共和国成立后，农村集体经济进入了初步形成的阶段。这一时期，国家的重点是通过土地改革实现农村经济结构的变革。土地改革不仅使土地从地主手中分配到农民手中，也为集体化运动奠定了基础。国家推动农民实行合作化，通过组织农村集体经济形式，如人民公社和农业合作社，逐步将农村经济从个体经营向集体化管理转变[①]。这一阶段的核心任务是重新分配土地资源、实现农民集体化管理，并在此基础上提高农业生产力。尽管这一时期的农村集体经济组织依赖国家的指引和强制性政策，但它对农村经济体制的改变具有深远影响。人民公社作为农村集体经济的主要形式，其核心目的是实现土地的集体经营，统一管理农业生产、生活资料的生产和分配。这种高度集中的管理体制，一定程度上提升了农业生产的规模效应，但也由于管理体制过于集中，导致了效率的低下。农民的积极性未能得到充分调动，且在实践过程中出现了许多问题，如生产力低下、资源浪费等。农村集体经济的运作方式虽然存在诸多问题，但依旧为后期的农村经济体制改革提供了宝贵的经验和教训。随着政策的不断调整，农民的集体化意识逐步增强，集体经济的基础逐渐稳固。尤其是在土地的集体化管理和农业生产上，积累了不少管理经验，为后来的改革提供了初步的经济组织形态。同时，随着土地改革的深入，农村经济的集体化建设为农村的现代化进程创造了条件。

二、集体经济体制的探索与调整

1978 年，改革开放的启动标志着农村经济体制进入了深刻变革的阶段，农村集体经济在这一过程中开始经历探索与调整的时期。随着政策的逐步放宽，特别是家庭联产承包责任制的实施，农村集体经济的传统形式与管理模式发生了深刻变化。集体经济不再单纯依赖集中化的生产管理，而是逐步转型为更具灵活性与多样化功能的经济组织。这一阶段，最具标志性的改革就是家庭联产承包责任制的推出。这一政策使得土地分配给农户，农民拥有了自主经营权，农村集体经济从传统的统一经营模式转向了更具弹性的管理方式。虽然土地承包权下放至家庭，但农村集体经济组织依然承担着组织与管理农业生产、发展乡村经济的重任。与过去不同的是，集体经济不再专注于农业生产的集体管理，而是扩展到了更广泛的经济活动领域，包括乡村工业、乡村服务业等。

农村集体经济逐步摆脱了单一的农业生产模式，开始多元化发展。随着改革的推进，乡村经济的多样性得到了充分体现，集体经济组织不仅从事农业生产，还积

① 葛宣冲，王静．乡村数字经济与新型农村集体经济的耦合互动发展［J］．江苏社会科学，2024（5）：153—162.

极涉足乡村工业的建设与发展。随着国家政策的扶持和农村劳动力的转移，集体经济组织逐步发展起一些乡村工业，如小型化肥厂、机械修理厂等，成为推动农村经济多元化的一个重要力量。此外，集体经济在这一时期也开始参与乡村基础设施建设，如水利、交通、电力等公共设施的建设，集体经济逐步承担了更多社会责任。为了适应经济发展需要，农村集体经济组织不仅发展农业，还为乡村经济提供了更多的就业机会和社会保障。这一变化使得农村集体经济逐步超越了传统农业的局限，开始融入更多产业和领域，从而更好地服务于乡村的综合发展。

尽管集体经济组织在这一时期取得了明显进展，但也面临许多挑战。集体经济管理的模式虽然在不断尝试中逐步灵活，但其在资源配置、资金运作等方面仍然面临困难。农村集体经济组织的资金来源主要依赖于国家的财政支持和农民集体经营收益，但资金的短缺和管理的不规范，导致了集体经济发展中的一些不稳定因素。农村集体经济组织在这段时间的探索过程中，不仅限于农业生产领域的转型，还涉及对农村社会结构的调整和乡村治理体制的改革。集体经济组织开始有意识地进行乡村资源的整合与优化，推动集体土地流转和村庄组织建设，改善了村级经济的结构与效率。

三、集体经济的制度创新与政策支持

1990年，农村集体经济进入了更加成熟的探索阶段，国家在这一时期对农村经济体制的改革给予了更高的关注。随着市场经济的逐步推进，政策开始注重农村集体经济的现代化、市场化发展，逐渐取消了一些不适应市场经济的强制性规定，鼓励农村集体经济组织自主创新，推动了集体经济的发展转型。这一时期，农村集体经济组织在土地流转、股份合作制等方面进行了积极创新，为农业、工业和服务业的结合创造了更为有利的条件。通过土地流转，农民可以将承包的土地进行出租或流转，这样既保证了土地的使用效率，又为集体经济组织的多元发展提供了资源支持。土地流转的实现不仅促进了农业生产的规模化和专业化，还使得农民可以通过承包土地获得一定的收益，进一步改善了农民的经济状况。同时，集体经济组织也能通过流转土地获取资金，为进一步发展产业和基础设施建设提供了保障。

股份合作制将集体经济与市场经济进行了有效结合，通过这种模式，农民可以成为集体经济组织的股东，享有相应的权益与收益。集体经济组织通过发行股份、分红等形式，调动了农民的积极性，提升了集体经济的经营效益。此外，股份合作制也为集体经济的管理提供了新的思路，集体经济组织的经营逐步走向现代化、市场化，管理方式更加透明和高效。国家不仅出台了一系列扶持政策，还加大了财政投入力度，为集体经济组织的创新发展提供了资金支持。国家的政策支持包括提供资金补贴、税收优惠、技术培训等，这些措施有效促进了农村集体经济的健康发展。通过政策的引导和资金的投入，集体经济组织逐步摆脱了对国家的过度依赖，展现出了更大的自主发展能力。同时，集体经济的多元化发展为农村经济带来了新的活力，推动了农业与工业、服务业的结合，推动了乡村经济的全面发展。尽管土地流转和股份合作制等制度创新取得了一定的成效，但由于管理体制和资源配置问题，部分农村集体经济组织的效率仍然较低。特别是在一些经济相对落后的地区，集体经济组织的创新力度有限，仍然存在资金短缺、管理不规范等问题。此外，集体经济的市场化进程虽有突破，但仍未完全适应市场经济的需求，部分集体经济组织的经营模式和管理方式仍显得过于传统，影响了集体经济的长远发展。

四、集体经济体制的转型与发展

进入 21 世纪，随着改革的深入，农村集体经济经历了一个显著的转型阶段。在这一过程中，国家出台了一系列政策，促进农村集体经济的多元化和规范化发展，尤其是在土地流转、农村合作社建设等方面，推动了乡村振兴和农业现代化的进程。随着市场化改革的不断推进，农村集体经济逐渐从传统的农业生产型经济向更为多样化的经济形态转型，拓展了经济活动的领域和范围。土地流转不仅使土地资源得到了更高效利用，还为农村集体经济组织提供了更多的资源配置空间。农民通过将土地流转给集体经济组织，不仅增加了收入，还为集体经济的发展提供了资本和基础。集体经济组织通过集约化经营，可以提升农业生产的规模效益，同时也为乡村振兴提供了重要的经济基础。

在国家政策的支持下，各地逐步发展起了农民合作社，通过集体化经营模式，合作社能够将农民的生产活动有效整合，为农民提供技术、资金和市场服务。农村合作社通过与农民的紧密合作，推动了农业产业化发展，为农民创造了更大的经济收益。合作社的建立不仅增强了集体经济组织的市场竞争力，还促进了农业生产的精细化、专业化和现代化，使得农村集体经济逐渐步入市场化的轨道。此外，集体经济组织在这一阶段逐渐加强了与市场的对接，探索更加灵活的经营模式。通过引入股份制、合作制等多种形式，集体经济组织增强了市场适应性和竞争力。这一过程中，集体经济组织不仅依靠传统的农业生产，还积极参与乡村旅游、农产品加工、生态农业等多元化经营。随着经济模式的转变，集体经济组织为农民提供了更多的就业机会和收入渠道，有效促进了农村经济的多元化和可持续发展。

国家通过出台税收优惠、资金支持、技术培训等一系列措施，鼓励和推动集体经济的创新和发展。还积极支持农村集体经济组织与市场、企业的合作，推动了农业产业链的延伸和升级。通过政策扶持，农村集体经济逐渐摆脱了对单一农业生产的依赖，转向了更加灵活和多元的经营模式。这些政策和措施有效促进了农村集体经济的现代化发展。集体经济组织的管理体制和经营模式也发生了深刻变化。随着集体经济的多元化和市场化，传统的集体经济组织管理模式逐渐暴露出不少问题，尤其是在资金管理、资源配置和决策机制等方面的不足。因此，集体经济组织开始探索更加规范化、现代化的管理体系。许多集体经济组织加强了内控管理，引入专业化管理人才，推动信息化建设，逐步建立起了更加科学、高效的经营和管理模式。

第二节　人民公社时期农村集体经济的全面跃进阶段

人民公社时期是农村集体经济迅速发展和扩展的一个关键阶段，但由于过度集中的管理模式、过激的经济实践以及与农民需求的脱节，导致了许多问题，最终影响了集体经济的长远发展。农村集体经济虽然在初期表现出一定的组织效能和发展潜力，但也暴露出很多管理上的缺陷和不可持续性。

一、人民公社的建立与集体经济的体制化

（一）农村生产资料的集中与资源统一管理

在 1958 年，随着人民公社的建立，农村的生产资料和资源开始逐步集中于集

体经济组织。土地、农业生产资料、劳动力等均由集体统一调配和管理，农民不再拥有单独的土地或生产工具。通过土地的集体化，农村集体经济从原先的小农经济模式转变为集中的合作生产模式。集体经济组织成为农业生产的主要管理者和决策者，不仅负责生产，还涉及资源配置、劳动力安排等方面。农村的经济活动在这一阶段实现了高度集中的体制化，极大地提高了管理的统一性和协作性。

（二）全民劳动与公社化生产模式的推行

通过推动全民劳动和公社化的生产模式，进一步促进了农村集体经济的发展。人民公社时期，劳动者不再仅仅是个体农民，而是成为集体经济中的一部分，所有的劳动力都归集体组织调配和管理。农民通过集体劳动，统一安排生产，执行下达的生产任务。这种模式强调每个成员都必须为集体工作，并按贡献的劳动力分配生产成果。通过这一方式，农村集体经济实现了生产组织的高度整合，形成了集体化管理体系，进而推动了农村经济的快速发展，尤其在农业和基础设施建设方面。

（三）集体化经济体制的快速扩展与实践

人民公社的建立使得农村集体经济进入了一个全面跃进阶段，集体化体制逐渐得到了推广和普及。通过公社化和合作社的方式，大力推动农业生产的集体化，农村经济的组织形式从个体经济转变为集体经济。农村集体经济的规模迅速扩大，涉及农业生产、乡村建设、社会福利等多方面领域。随着集体化经济体制的实施，农村集体经济逐步形成了统一的管理体制和运行模式，为后来的农业生产和社会发展奠定了基础。然而，这一模式虽然迅速扩展，但也在执行过程中面临着管理过于集中的问题，导致后期出现了效率低下和资源浪费等问题。

二、集体经济规模的迅速扩大

（一）农业生产规模的集约化与机械化推进

在人民公社时期，通过合并农田和推行农业机械化，农村集体经济的规模得到了显著扩大。农田集中管理，使得农业生产的规模和效益得到了提升。农民通过集体合作，统一使用农田资源，推动了耕地的规模化利用。同时，农业机械化的推进，进一步提升了生产效率，减少了劳动力需求，增加了生产的机械化和现代化水平。集体经济体的规模扩展，促进了农业生产的集约化，提升了农业产出水平，并为乡村经济的快速发展奠定了基础。

（二）农民加入合作社与公社的集体化合作

通过加入合作社和公社，农民不仅实现了生产规模的集约化，还使得资源得到了集中和优化使用。人民公社实行了全体成员共同劳动、共同受益的生产模式，通过这种集体化合作，农民将个人的小规模生产方式转变为集体化的生产方式。集体经济体的建设不仅推动了生产资料的集体所有，还加速了合作社成员之间的协作，进一步提高了生产效率。公社的设立使得农民在集体经济组织内发挥更大作用，资源和生产要素得到更加合理分配，推动了集体经济的快速发展。

（三）副业与乡村工业的兴起与集体经济多元化发展

除了传统的农业生产，集体经济还通过涉足副业和乡村工业，逐步实现了经济的多元化发展。集体经济组织不仅致力于农业生产，还通过推动农村工业化、发展乡村手工业等方式，拓宽了集体经济的内容。乡村工业、合作社的副业如养殖、手工制造等产业逐步兴起，为集体经济注入了新的活力。这一发展不仅使农村集体经济体规模进一步扩大，也为农民提供了更多的就业机会和收入来源，促进了农村社会的经济转型。

三、生产方式的集体化与劳动组织的统一

（一）家庭劳动模式转变为集体化生产模式

农村的生产方式发生了根本性变化，农民不再以家庭为单位进行农业生产，而是转向以公社为单位的大规模集体劳动模式。这一转变使得农村经济的劳动组织实现了集体化，土地、劳动力、生产资料等资源得到了集中管理和高效利用。通过集体化的生产方式，生产的规模得到了扩展，农民的劳动也开始有序地统一调度。家庭生产的小规模形式被集体化的劳动形式所取代，农业生产的整体效率有所提升。

（二）工农业结合推动农村经济增长

在这一时期，生产资料的集体化与工农业结合是推动农村经济增长的重要动力。通过整合农村资源，特别是农业生产和农村工业相结合，人民公社不仅关注农业生产，也发展了乡村工业、手工业和其他副业。这一转变使得农村经济的多元化成为可能，同时通过大规模集体劳动提高了各类生产要素的使用效率。集体经济体的统一管理和协调促进了工农业的有机结合，推动了农村经济的快速增长。然而，缺乏适应市场需求的灵活性也是这一阶段发展的瓶颈。

（三）劳动组织统一调度与工分制度的实施

劳动组织进行了统一调度，尤其是实施了工分制度，目的是有效分配劳动成果和激励农民的工作积极性。工分制度通过对农民劳动的量化评估，确保了集体劳动的有序进行，减少了个体生产中的自由度和分散性，从而提高了集体经济的整体工作效率。然而，工分制度虽然一定程度上实现了劳动任务的分配与公平，但由于缺乏灵活的激励机制，劳动生产动力不足，农民的积极性和创造性受到了抑制。这种过度集中的管理模式也导致了生产效率的低下，未能真正激发农民的内生动力，影响了集体经济的可持续发展。

四、集体经济管理的高度集权化

（一）决策权集中于公社领导层

公社的决策权集中在领导层手中，地方的自治和决策权几乎被完全剥夺。这种高度集中的决策模式使得农村集体经济的运行缺乏灵活性，公社领导层的决策在很大程度上受限于中央的指示和政策，导致地方性问题难以得到及时解决。同时，基层农民的参与感和自主性大大减少，集体经济的管理方式更多依赖行政命令而非地方实际情况。

（二）资源配置与劳动力调配集中控制

在这种集权化管理模式下，集体经济的资源配置和劳动力调配完全由公社层面统一指挥和组织，农民对资源的配置和使用没有决定权。土地、生产资料的调配由上级决策，公社统一规划和安排农业生产。这种资源配置模式在短期内可以实现一定的集约化管理，但也导致了资源使用的低效，许多时候不符合当地的实际需求。劳动力调配过于集中，使得一些地方性生产活动缺乏灵活应变的空间，降低了农民的积极性和劳动效率。

（三）效率低下与决策脱离实际

高度集中的管理模式虽然在初期能够发挥一定的组织效益，但也导致了许多决策脱离实际，效率低下。由于集体经济活动的计划和决策过度依赖上级指示，地方性的具体情况和农民的实际需求往往无法得到充分考虑。结果，许多决策不能够及时应对农村经济发展的动态变化，造成了生产和管理上的失误。再加上地方性领导缺乏自主权，无法根据农村的具体特点进行灵活调整，导致了集体经济在一定时期内的低效运作，甚至出现了资源浪费和管理混乱的情况。

五、经济成果与集体福利的共享

（一）共同劳动与资源共享原则

农村集体经济采用了“公社所有，集体经营”的原则，力图实现资源和利益的共享。公社通过集体所有制形式，将土地、生产资料以及劳动力集中起来进行统一管理和生产。所有公社成员通过共同劳动，在一定程度上能够参与到生产过程，并根据贡献获得相应的报酬。理论上，这一制度促进了资源的合理配置和收益的均等化，使农民的生活水平相对提升，并实现了一定的社会福利共享。

（二）工分制度的应用与分配问题

工分制度作为人民公社时期的一项重要措施，通过根据农民的劳动量分配生产成果，旨在实现劳动力的合理调配与公平分配。农民在完成生产任务时，根据工分多少获得相应的生产资料和生活物资。这种方式在一定程度上保障了劳动的公平性，但由于管理上的不完善，工分的分配往往受到地方领导和生产管理的影响，难以做到完全公平。尤其在生产资料配置和资源利用上，工分制度未能充分体现个体差异和不同生产条件下的实际贡献，导致部分农民的劳动成果被低估。

（三）管理失误与劳动力浪费问题

尽管理论上集体经济体制实现了生产成果的共享，但实际操作中，由于管理不善和资源配置不合理，往往出现了“人浮于事”和“劳动力浪费”等问题。由于集体经济的管理过于集中和僵化，公社往往忽视了农民个体的多样性和实际需求，导致劳动效率低下。此外，工分制度的执行过程中，工分的分配没有真正反映每个农民的劳动强度和生产贡献，部分农民的积极性受到压制，无法真正做到高效劳动，进而造成了集体经济资源的浪费。

六、农业生产模式的改革与失败

（一）过度集中的资源调配与指令性生产

农业生产采用了高度集中的资源调配模式和指令性生产方式。公社领导对农业生产进行了强制性规划，要求农民按照统一的标准和数量进行生产，忽视了地方的自然条件和农民的实际需求。这种不切实际的生产目标导致了大量资源的浪费，尤其是在农业生产资料的配置上，造成了农民的积极性低下和劳动效率的严重下降，最终未能达到预期的生产效果。

（二）单一化与过度集约化的农业模式

农村集体经济过于依赖单一的农业生产模式，推行过度集约化的生产方式，忽视了农业的多样性和生态环境的承载能力。这种模式要求大规模集中生产某一类农作物，缺乏合理的作物轮作和土地管理，导致了土地资源的浪费和土壤肥力的下降。过度的单一化生产不仅使农业生态系统遭受破坏，也使农民的经济风险加大，农业生产的可持续性受到威胁。

（三）农业灾难与粮食短缺

公社化的过度集体化模式直接导致了农业生产的灾难性后果。为了追求过高的产量目标，忽视了农业生产的自然规律和科学管理。特别是在粮食生产方面，强行推行的大规模集体化耕作和单一化种植，不仅未能提高农业生产力，反而使得耕地资源遭到破坏，造成了粮食产量的大幅下降。结果，农村发生了严重的粮食短缺和饥荒，给农民带来了极大的困苦，也导致了集体经济的全面失败。

第三节　承包制改革后农村集体经济的整体衰退阶段

承包制改革后，农村集体经济进入衰退阶段。家庭联产承包责任制使土地逐渐分配给农户，导致集体经济的资源和管理逐步分散，失去了原有的集中化和协调性。集体经济的职能逐步转向辅助角色，经济效益下降，原本承担的农业生产、基础设施建设等任务转由国家和市场承担。由于集体经济无法与市场需求有效对接，生产模式僵化，资源流失，最终导致整体衰退，无法适应新的经济发展环境。

一、家庭联产承包责任制的实施

（一）土地分配与生产自主权的扩大

家庭联产承包责任制的核心是将土地的经营权下放到农户手中，这一政策改变了传统集体经济中统一管理的生产模式。通过将土地分配给家庭，农民获得了对土地的经营自主权，不再需要按照集体经济组织的统一指令进行生产。这种分散的生产模式极大地激发了农民的生产积极性，农民可以根据市场需求和自身条件灵活调整种植结构和生产方式，最大程度地提高生产效率。在短期内，家庭联产承包责任制显现出显著的优势：粮食产量快速增长，农民收入显著提升，解决了长期困扰农村的温饱问题。然而，随着土地分散经营的逐渐普及，集体经济的统一规划和大规模协作能力被削弱，集体经济在农村经济中的主导地位逐步被取代。

（二）集体资源的分散与功能弱化

承包制改革的另一重要影响是集体经济组织资源的分散化。传统的农村集体经济依赖于集中管理和资源统筹，而承包制将土地和部分农业生产资料下放给农户后，集体经济组织在资源配置上的职能被弱化。土地资源的分散导致集体经济失去了规模化生产的优势，农业生产模式从集约化转向了分散化，削弱了农业的整体竞争力①。同时，原本用于村级公共设施建设和基础设施维护的集体收入也因土地承包后的分散化而减少，农村社会的公共服务能力显著下降。此外，随着集体经济活动的弱化，农村劳动力的组织化程度降低，许多原有的协作性生产活动逐渐被市场化或个体化的经营模式取代。

（三）集体经济地位的下降

家庭联产承包责任制的全面实施，使得家庭逐渐成为农村经济的基本单位，集体经济不再是农业生产的主导力量。虽然集体土地的所有权名义上仍属于村集体，但土地经营权的下放使得集体经济组织的实际影响力大幅度削弱。集体经济失去了对农业生产的直接控制，逐步从主导地位退居为服务和协调者的角色。此外，由于缺乏有效的管理和监督机制，部分地区的集体资产在改革过程中被过度私有化或流失，进一步削弱了集体经济的存续能力。长期来看，这种集体经济地位的下降不仅削弱了农村经济的整体竞争力，还使得农村社会治理和公共服务保障能力受到影响，阻碍了农村经济的可持续发展。

二、集体经济资源的分散化与管理困难

（一）资源分散导致集体经济组织功能弱化

家庭承包制将土地经营权下放至家庭，虽然提升了农民的生产积极性，但也带来了集体经济资源的分散化问题。原本集中管理的土地和生产资料被划分为一家一户的小规模经营，集体经济组织失去了对农业生产的全面统筹能力。由于每个农户的生产行为具有高度独立性，资源无法实现规模化配置，农业的集约化程度显著下降。这种资源分散化使得农村集体经济组织逐渐失去其在农村经济中的统筹作用，无法有效整合土地、水利设施等生产要素，导致农业生产效率降低。此外，土地分散化还使得许多农业基础设施的使用效率下降，如灌溉系统的管理和维护难以协

① 高鸣，魏佳朔，宋洪远．新型农村集体经济创新发展的战略构想与政策优化［J］．改革，2021（9）：121—133.

调，进一步制约了农村经济的整体发展。

（二）管理机制薄弱导致运行效益低下

在资源分散化的背景下，集体经济组织的管理机制面临严峻挑战。原本依靠统一计划和集中管理的生产方式被小农经济模式取代，集体经济组织在协调生产和资源分配上的作用显著减弱。尤其是在土地分散承包后，集体经济组织难以实现对土地和其他公共资源的合理规划和管理。此外，部分农村地区缺乏有效的监督和治理机制，导致集体资产管理混乱。土地流转和公共资源使用过程中，容易出现利益分配不均、资源浪费等问题，进一步削弱了集体经济组织的影响力。这种管理上的困境使得集体经济在资源利用和效益提升方面面临诸多障碍，集体经济组织难以发挥其应有的作用。

（三）资源分配失衡与农村社会不平等加剧

随着集体经济资源的分散化，农村社会内部的资源分配不均问题逐渐显现。土地承包过程中，由于管理不善和制度设计缺陷，部分农户在资源分配上占据优势，而其他农户则可能处于资源匮乏的境地。这种资源分配的不平衡加剧了农村社会的不平等，进一步削弱了农村社会的凝聚力。此外，集体经济组织在资源配置方面的无力感使得许多农村地区的公共基础设施建设滞后，例如道路、水利、教育等领域难以得到足够的投入，影响了农村地区的整体发展。这种资源分散化与管理困难的结合，使得农村集体经济在运行效率和社会贡献方面都呈现出明显的下降趋势，进一步加剧了农村经济和社会发展的不稳定性。

三、集体经济职能的转变与弱化

（一）农业生产职能的弱化

土地的家庭承包使得农业生产从集体化管理转向以家庭为单位的小规模经营。虽然这一模式提高了农民的生产自主权和积极性，但同时也削弱了集体经济组织在生产统筹中的职能。集体经济在农业生产中的作用逐渐被市场化的要素配置和农民自主经营取代，无法有效整合资源进行大规模农业生产。此外，集体经济组织在农田水利设施建设和管理方面的影响力显著下降，许多公共基础设施因缺乏统一维护而无法持续运作。农业生产职能的弱化不仅影响了集体经济的经济效益，也使其在推动农业现代化方面失去了传统优势。

（二）基础设施建设职能的逐步转移

农村集体经济在改革前承担着村庄道路、水利设施、公共场所等基础设施的建设和维护任务。然而，随着承包制改革的推进，集体经济组织的资金和人力资源逐渐减少，其在基础设施建设方面的职能逐渐被削弱。通过政策和财政支持介入了农村基础设施领域，使得集体经济组织的建设职能逐渐被取代。这种职能转移虽然在一定程度上弥补了集体经济力量不足的局限，但也削弱了集体经济组织在农村发展中的重要作用。此外，由于缺乏集体经济的直接参与，许多基础设施项目难以结合当地的实际需求，导致资源浪费和效益不佳的问题。

（三）公共服务职能的边缘化

在改革前，农村集体经济不仅承担农业生产，还负责提供教育、医疗、文化活动等公共服务。然而，随着家庭联产承包责任制的推行，这些公共服务职能逐步被削弱。一方面，集体经济组织因资源减少和管理功能弱化，难以继续承担原有的社会职能；另一方面，地方在农村公共服务领域的直接介入导致集体经济的角色进一步边缘化。例如，乡村学校、卫生院等服务设施的建设和运行逐渐成为地方政府的主要职责，而集体经济仅在有限范围内提供辅助支持。这种职能的边缘化使得集体经济组织在农村社会中不再具备核心地位，削弱了其在推动农村社会全面发展中的重要作用，也间接影响了农村社会的凝聚力和协作精神。

四、集体经济的经济效益下降

（一）资源流失导致集体经济基础削弱

土地等生产资料分散到农民手中，集体经济组织失去了最核心的资源。资源流失导致集体经济在生产和经营中的竞争力显著下降，无法形成规模化效益。同时，农民以家庭为单位进行独立生产，集体经济组织无法再统一调配资源，这进一步削弱了其经济功能。此外，由于缺乏对土地的统一管理，许多农村地区的耕地利用率降低，土地资源的零散化和低效利用进一步影响了农村集体经济的可持续发展。一些地方甚至出现了集体资产被私有化或不当处置的现象，导致集体经济组织在财务和资源上陷入困境，逐渐失去了推动农村经济发展的基础。

（二）管理松散导致经营效率低下

在家庭联产承包责任制的背景下，集体经济的管理机制逐渐松散，决策权和管理权被削弱。集体经济组织的许多管理者缺乏现代化经营理念和管理能力，使得原本的经济项目难以适应市场化需求。与此同时，集体经济内部缺乏有效的激励机制，成员的参与积极性和责任感显著下降，集体经济组织的运作效率大幅降低。在一些地方，集体经济项目因缺乏规划和监督而经营失败，进一步削弱了集体经济的经济效益。管理松散还导致集体资产流失严重，无法形成对农村经济和农民生活的有效支持，使集体经济组织逐步边缘化。

（三）“空壳化”现象的普遍化

由于资源流失和管理不善，集体经济在许多地方逐步陷入“空壳化”。集体经济组织名义上仍存在，但已无实际经济活动可开展，成为仅具形式意义的组织。“空壳化”现象不仅使得集体经济无法创造直接经济效益，也使其难以承担农村基础设施建设和公共服务等社会功能。一些集体经济组织甚至完全依赖外部资金维持运转，失去了自主发展的能力。这种现象的普遍化导致集体经济在农村发展中的作用进一步弱化，无法为农民提供稳定的经济收益和服务支持，最终使其陷入全面衰退。集体经济的“空壳化”也加剧了农村经济的分化，部分地区的农村集体经济已名存实亡。

五、集体经济与市场的脱节

（一）生产方式与市场需求不匹配

随着市场化改革的推进，农村集体经济的生产方式逐渐暴露出与市场需求之间的巨大差距。集体经济的传统生产模式强调规模化和集中化，而市场经济则更注重灵活性、市场导向和差异化竞争。集体经济的生产计划和经营方式往往依赖政府的指令性安排，忽视了市场需求的多样化和变化性。这使得集体经济在面对市场竞争时难以调整自身的生产结构和产品类型，从而导致大量的资源浪费和市场失灵。此外，集体经济的管理体制和决策机制过于僵化，缺乏及时响应市场变化的能力，进一步加剧了其与市场的脱节。例如，传统的农业生产模式和集体经营方式未能根据市场需求进行适应性调整，导致部分农村产品无法满足市场的实际需求，难以实现有效销售和盈利。

（二）集体经济缺乏市场化经营机制

集体经济的管理体制未能及时与市场化改革接轨，缺乏有效的市场化经营机制。虽然部分农村集体经济尝试进行市场化改革，但由于历史上长期依赖计划经济体制的管理惯性，这些改革措施并未有效解决集体经济的结构性问题。集体经济组织内部决策机制依然以集体主义原则为主，缺乏现代企业管理的市场化视角，导致其无法灵活应对市场的变化和需求。此外，集体经济往往依赖财政补贴和支持，缺乏自主创新和自我发展的能力，无法真正依靠市场进行资源配置和资金吸引。因此，集体经济逐渐失去了吸引投资和资源的能力，其资金来源单一，难以进行有效的产业升级和多元化发展，进一步加剧了集体经济的衰退和边缘化。

（三）集体经济的市场竞争力不足

集体经济组织在市场竞争中缺乏足够的竞争力。由于历史上长期实行集体管理和统一经营模式，集体经济在面对现代市场竞争时显得过于薄弱。集体经济往往依赖国家支持和政策保障，缺乏市场化的自主决策能力和创新能力。在市场经济中，竞争力的核心在于企业的创新、效率和灵活性，而集体经济的管理模式和决策体制往往缺乏这些竞争优势。集体经济缺乏对市场需求的敏锐反应能力，也难以进行市场化的生产组织和资金配置，导致其在市场环境中处于不利地位。随着农村经济和农业产业结构的变化，集体经济未能及时调整其发展战略，难以适应新的经济形势，导致其在市场经济中的地位逐渐被边缘化，最终加剧了集体经济的衰退。

第四节 新时代农村集体经济的创新复兴阶段

国家政策的支持为集体经济的转型提供了重要保障，尤其在土地流转和产业升级方面不断推动。通过产业融合和合作社模式的创新，集体经济逐渐发展成多元化、市场化的经营形式，提升了整体经济效益。同时，数字化赋能和科技创新为农业生产提供了新动能，推动了集体经济的智能化转型。通过保值增值的途径，集体资产得以优化，推动了乡村经济的持续繁荣。

一、政策支持与国家引导

（一）土地流转政策的实施与集体经济发展

农民可以将土地交由集体经济组织或合作社进行统一经营，实现了土地资源的优化配置和规模化经营。这一政策不仅提高了土地的利用效率，还为农民提供了更多的就业机会和经济收入，促进了农业现代化和产业升级。特别是在土地流转过程中的政策引导，使得集体经济能够通过土地的集中管理和资源整合，在现代农业生产中占据重要地位。

（二）乡村振兴战略与集体经济的协同发展

乡村振兴战略为农村集体经济的创新提供了强大的政策支撑。在这一战略框架下，国家鼓励农村集体经济组织多元化发展，涉及农业产业化、乡村旅游、绿色生态等多个领域。国家在政策上大力支持基础设施建设、产业结构调整和农民技能培训，通过资金、技术和政策的综合支持，推动农村集体经济的现代化转型。集体经济的创新与乡村振兴战略的结合，不仅加速了农村经济结构的转型，还提升了农村居民的生活质量和社会福利。

（三）财政支持与集体经济现代化建设

近年来，国家加大了对农村集体经济的财政投入，特别是在农村基础设施建设、产业发展和社会服务等方面。通过专项资金的扶持，集体经济组织能够提升自身的生产能力，改善经营模式，增强市场竞争力。此外，税收优惠、财政补贴等政策也为集体经济提供了强有力的支持，促进了集体经济组织的规模化、规范化和市场化发展。农村集体经济逐渐从传统的农业生产模式向现代化、产业化发展转型，焕发出新的生机。

二、产业融合与多元化发展

（一）农业与乡村旅游的融合发展

随着农村经济结构的转型，集体经济组织开始积极推进农业与旅游业的融合，通过发展乡村旅游吸引城市游客，带动当地农产品的消费。通过打造特色村落、农家乐、生态旅游等形式，集体经济不仅增加了农民的收入，还丰富了农村的产业结构，提升了农村的整体经济水平。农业与乡村旅游的结合，不仅让农民从中获得了收益，还促进了农村基础设施的改善和环境的整治，实现了经济、社会与生态的多赢局面。

（二）农产品加工与集体经济的协同发展

农产品加工是农村集体经济多元化发展的另一关键领域。通过推动集体经济组织参与到农产品的深加工中，不仅提升了农产品的附加值，也拓宽了农民的收入来源。农民通过合作社或集体经济组织将农产品进行深加工，能够将初级农产品转化为高附加值的商品，如农副产品的加工、包装、冷链物流等。这种转型使得集体经济不再仅仅依赖农业种植，而是通过产业化方式提升了集体经济的盈利能力和市场竞争力，推动了农村经济的整体升级。

（三）农村电商平台与集体经济的创新模式

在新时代的互联网环境下，农村电商成为推动集体经济多元化和现代化的重要手段。通过搭建电商平台，农村集体经济能够直接面向城市市场销售农产品和特色商品，突破了传统销售渠道的限制。这不仅提高了农产品的销售量，还促进了当地农村经济的发展。通过电商平台，农民不仅能获得更多的经济收益，还能提升集体经济组织的服务功能，推动现代化生产和营销模式的应用。农村电商的迅猛发展带动了集体经济的升级，促进了农业与现代信息技术、流通网络的深度融合，为集体经济带来了新的生机和活力。

三、合作社模式的创新与升级

（一）股份合作制与利益共享

新时代农村集体经济的合作社模式创新是引入股份合作制。通过农民入股合作社，集体经济组织不再只是一个管理框架，而是一个以投资和分红为基础的经济实体。农民不仅是生产者，同时也是集体经济的“股东”，可以享受经济增长带来的收益。这种模式促进了资源的优化配置，增强了农民的经济参与感和归属感，同时通过利益共享机制，提高了农民对集体经济的积极性与凝聚力。股东制模式有效提升了合作社的资本运作能力，使集体经济在市场经济中具备了更强的竞争力和可持续发展能力。

（二）现代合作社管理与市场化运作

合作社模式的创新还体现在管理结构和经营方式的现代化升级。传统的合作社管理模式多为粗放式管理，成员之间的权责关系模糊，容易出现效率低下、资源浪费的现象。而现代合作社采用了更加规范的管理体系，结合现代企业的运营模式，如采用精细化管理、制定科学的经营计划、提升财务透明度等。这种现代化的管理方式提升了合作社的市场化运作能力，使其能够应对市场需求的变化和挑战。通过引入先进的管理理念和技术手段，合作社不仅提高了生产效率，还增强了市场响应能力，有效促进了农村集体经济的持续发展。

（三）合作社创新与可持续发展

新时代的合作社模式强调可持续发展和绿色发展理念。合作社不仅注重经济效益，还更加关注生态环境和社会责任的履行。通过整合当地资源和发展绿色农业，合作社为农民提供了更多的就业机会，同时提升了农民的环保意识。在推进农业现代化的过程中，合作社通过实施生态农业、循环经济等方式，实现了经济与环境的双赢。此外，合作社通过强化成员的合作精神，构建了更为稳定和多元化的经济利益格局，进一步推动了农村集体经济的健康、可持续发展。

四、数字化赋能与科技创新

（一）精准农业与智能化管理

数字化赋能使得农村集体经济能够实现精准农业，这是科技创新在农业生产中的重要应用。通过物联网、传感器和大数据技术，集体经济可以实时监控土壤质量、气候变化和作物生长情况，从而精确调整耕作方式和管理措施，最大化地提高农业生产效率。例如，利用智能灌溉系统和精准施肥技术，减少了资源浪费并提高了产量。智能化的管理不仅降低了生产成本，还帮助农民实现了农业生产的高效化、规模化，促进了农村集体经济的现代化发展。

（二）电商平台与市场拓展

随着互联网技术的发展，农村集体经济通过电商平台拓展了销售渠道，实现了传统农业产品的数字化营销。集体经济组织能够直接连接到全国乃至全球市场，解决农村产品“卖难”问题。同时，借助大数据分析，集体经济可以根据市场需求预测、分析消费者行为，从而进行精准营销，提升产品的市场竞争力。电商不仅为农村集体经济带来了新的经济增长点，也增强了农产品的附加值，推动了农业产业的现代化与多元化发展。

（三）科技创新与可持续发展

科技创新在推动农村集体经济数字化转型的同时，还助力了农业的可持续发展。集体经济组织通过创新技术，推动绿色农业和环保农业的发展，减少了对化肥和农药的依赖。例如，利用生物技术进行病虫害防治、采用生态农业模式来维持土壤的可持续性，这些都降低了农业生产对环境的负面影响。同时，科技创新还帮助农村集体经济实现循环经济模式，优化资源的利用和废弃物再利用，推动了农业生态环境的改善和乡村可持续发展。通过科技的引领，农村集体经济不仅在经济效益上取得了突破，还在社会责任和环保方面取得了积极成果。

五、农村集体资产的保值增值

（一）土地流转与资源整合

农村集体经济组织可以将闲置土地或低效利用的土地进行集中、规模化经营，提升土地的生产力和经济效益。例如，农村集体经济组织将土地承包给农业企业或合作社进行现代化农业生产，通过农业产业化经营，推动集体资产的增值。资源整合方面，集体经济可以通过整合当地的水利、森林、矿产等资源，推动资源的综合利用，不仅提升了资源价值，还推动了乡村经济的多元化和可持续发展。

（二）集体资产管理与资本运作

为了更好地保障集体资产的保值增值，越来越多的农村集体经济组织开始探索集体资产管理公司模式。这些公司专门负责对集体资产的管理、运营和增值。例如，集体经济组织可以通过建立资本运作平台，引入外部投资，推动集体经济项目的融资和发展。通过合理的资本运作，集体经济不仅能够提升资金使用效率，还能够在基础设施建设、乡村旅游、农产品加工等领域取得更大的投资回报。这一模式有效增强了集体经济组织的财务自主性和市场竞争力，推动了农村经济的全面发展。

（三）创新产权模式与利益分配

新时代的农村集体经济还通过创新产权模式实现集体资产的增值。例如，实施股份合作制，使农民成为集体经济组织的股东，获得股份分红。这种产权模式使集体经济组织的资产得以市场化、资本化，同时增强了农民对集体经济的认同感和参与感。通过创新的产权结构，集体经济组织能够吸引更多的社会资本和外部资源，提升集体资产的市场价值。同时，明确的利益分配机制确保了农民的经济利益，增强了集体经济的社会福利功能，有助于实现集体经济的长远发展与可持续性。

第三章　彭州农村集体经济发展的基本情况与现状分析

彭州作为一个典型的农村地区，近年来在推动农村集体经济发展方面取得了显著进展。通过土地流转、资源整合等举措，彭州实现了集体经济从传统农业向多元化产业发展的转型。尽管如此，集体经济仍面临资源配置不合理、管理模式传统、市场化程度较低等问题，制约了其可持续发展。近年来，彭州市出台了一系列政策，推动集体经济向更高效、更现代化的方向发展。

第一节　彭州农村经济的历史背景与发展轨迹

彭州的农村经济历史深受自然条件和社会变革的影响。地处四川盆地，彭州早期以传统农业为主，土地肥沃且适合种植水稻、蔬菜等农作物。经过土地改革、集体化和人民公社时期，农村经济在全国范围内出现了变化。改革开放后，家庭联产承包责任制逐步实施，激发了农民的生产积极性，并推动了农业经济的恢复和发展。新时代，彭州农村经济开始向多元化发展，结合农业、乡村旅游、农产品加工等新兴产业，实现了经济结构的优化升级。

一、彭州农村经济的历史背景

彭州地处四川省成都市西北部，历史上以农业为主，土地肥沃，气候适宜，得天独厚的自然条件使其成为四川盆地的重要农业区[①]。自古以来，彭州便是农业发展较为繁荣的地区，传统的农耕经济为其奠定了深厚的基础。随着中国近现代历史

① 张晓山．发展新型农村集体经济［J］．农业经济与管理，2023（1）：1—4.

的发展，彭州农村经济经历了多个阶段的变革，包括土地改革、集体化以及改革开放后的农村政策调整。在这过程中，彭州的农业经济经历了从自给自足的小农经济到集体经济，再到市场化、产业化的转型。

二、彭州农村经济的发展轨迹

（一）改革前期

这一时期彭州农村经济模式以传统农业为主导，小农经济是主要生产方式。土地和生产资料分散在各家各户，农村居民通过家庭为单位进行农业生产，这种分散的小规模经营方式虽然满足了基本的生存需求，但生产效率较低，难以实现农业现代化的突破。随着历史的推移，这一阶段经历了人民公社制度的实施，这是对农村经济模式的一次重大调整。1958 年开始，全国范围内的集体化运动逐步推行，彭州也不例外。人民公社制度作为一种高度集中的管理模式，试图通过统一资源调配和集体劳动来提升生产力。然而，实践表明，这种模式在实际运作中存在诸多问题。管理上的僵化、激励机制的缺失以及分配不均，导致农民劳动积极性受到抑制，从而使得农业生产效率并未显著提高。

在这一经济制度下，农村社会的运作方式也发生了深刻变化。土地不再归个体所有，而是由集体统一管理和使用，这一改变在理论上旨在优化资源配置，但在实际中却因为缺乏科学的管理手段和有效的组织协调而事与愿违。粮食生产长期徘徊在较低水平，农民的生活质量难以改善，甚至在某些时期出现了资源浪费和农业生产停滞的现象。这一阶段的农村经济发展也受到了宏观经济政策和自然条件的多重制约。过度强调以粮为纲的生产导向，使农业种植结构单一，忽视了其他经济作物和副业的发展潜力。此外，农业技术水平较为落后，机械化和科学种田尚未普及，导致农业生产受自然条件影响严重，抗风险能力较弱。从集体化运动的角度看，这一制度虽然在短期内实现了一定程度的社会组织化，但并未从根本上改变农业经济低效的状况。集体劳动的实施方式存在形式化倾向，劳动力的利用率和土地的产出率难以达到理想水平。同时，集体化对农民自主性的剥夺，也削弱了他们对农业生产的主动参与意愿。

（二）改革开放阶段

1978年改革开放的号角吹响后，彭州农村经济步入了全新的历史阶段。以家庭联产承包责任制为核心的改革举措迅速推广，土地被重新分配到各农户手中，这一政策突破了集体化制度的束缚，为农民提供了更大的生产自主权和收益保障。随着土地的家庭化经营，农民重新掌握了生产的主导权，农业生产效率因此得到显著提升。这场变革不仅重构了土地的使用关系，也极大地激发了农民的劳动热情。在此之前，由于集体化管理的激励机制不足，农民的生产动力普遍低迷。而家庭联产承包责任制明确了家庭与土地的经济利益关系，农民在辛勤劳动后能够直接享受劳动成果，这种机制上的调整使农业产出快速增长，为农村经济注入了新的活力。从政策背景来看，改革初期的农村经济发展得益于一系列支持性措施。通过放松对农村经济的政策管控，农民被允许在完成国家和集体任务后将剩余产品自由交易，这种"市场化"取向为农村经济多元化发展提供了可能。同时，乡镇企业开始萌芽，农业的附加产业和农村的非农经济逐渐兴起，为农民增收拓宽了渠道，进一步推动了农村经济的全面复苏。

农业种植结构开始由单一向多样化转变，粮食生产之外，经济作物种植和养殖业也迅速发展。农民在保障基本生活需求的基础上，开始追求更高的经济收益，这不仅提升了家庭收入水平，也为农村地区的整体经济发展奠定了坚实基础。家庭作为农业生产的基本单位重新确立，其灵活高效的运作方式取代了以往公社制度的僵化模式。与此同时，农村劳动力的使用效率也得到大幅提高，农民能够根据家庭需求和市场条件自由调整生产计划。随着农业生产条件的改善和农村市场的逐步放开，彭州农村经济迈入了充满生机的成长期。

改革初期，部分农民对政策的稳定性仍心存疑虑，市场的发育也相对滞后。然而，随着实践的深入推进，家庭联产承包责任制的优势逐渐显现，农民的信心得到进一步增强。农村地区的基础设施建设开始加快，农业技术推广力度加大，农业现代化的初步尝试在这个时期取得了积极进展。从整体发展趋势看，改革初期的彭州农村经济呈现出恢复性增长和结构性调整的双重特征。这一时期，不仅改变了农民与土地的关系，也为农村经济的多样化发展打开了大门。通过释放生产力、调动积极性和优化资源配置，彭州农村逐步摆脱了传统农业的局限，迈向了一条充满希望和潜力的改革之路。这一阶段的成功实践，不仅为后续改革奠定了基础，也为全国农村经济的发展提供了宝贵的经验。

（三）新时代的转型之路

新时代，彭州在政策推动和经济需求的双重作用下，农业不再局限于传统的种植业，而是通过土地流转和农村合作社的建设，逐步实现了规模化经营，为农业向更高层次发展奠定了基础。通过优化资源配置和推进制度创新，推动了农业与二、三产业的深度融合。随着时间的推移，现代农业技术在彭州的广泛应用极大地提升了农业生产效率。从机械化种植到智能化管理，技术的进步不仅降低了劳动成本，还改善了生产条件，推动农业向高效、生态、可持续的方向发展。这一阶段，农民开始广泛接受科学种田的理念，农业生产逐步由传统经验驱动转向以技术创新为核心，为农村经济注入了强劲动力。

农业逐渐成为多元化经济格局中的一个组成部分，乡村旅游、农产品加工和电商等新兴产业蓬勃发展。乡村旅游借助彭州独特的自然和文化资源，吸引了大量游客，成为农村经济新的增长点。农产品加工产业则通过延伸产业链和提高产品附加值，推动了农业从生产型向产业型转变，而电商的发展进一步拓宽了农产品的销售渠道，实现了农村经济与城市市场的高效对接。从产业融合的角度看，这一时期的彭州农村经济呈现出协调发展的态势。农业、工业和服务业在空间和功能上的融合逐渐显现，农民不仅在农业领域获得收益，也通过参与二、三产业提高了整体收入水平。特别是土地流转政策的实施，不仅优化了土地资源的利用效率，还为规模化经营和产业化发展创造了条件。

农村基础设施和公共服务的显著改善。交通网络的完善、信息化设施的建设以及教育和医疗资源的提升，不仅提高了农村居民的生活质量，也为农村经济发展提供了坚实的支撑。农民的生活方式逐步转变，农村社会结构也随之调整，从以农业为主的单一结构迈向更具包容性的多元化格局。彭州在经济发展的同时注重环境保护，通过推广绿色种植技术和循环农业模式，实现了经济效益与生态效益的协调统一。这种可持续发展模式不仅符合现代农业的趋势，也为农村经济的长远发展提供了保障。

第二节　彭州现有农村集体经济发展模式

土地流转与规模经营成为优化资源配置的重要方式，农业合作社通过联合生产提升组织化水平，乡村旅游借助自然与文化资源实现农旅融合。农产品加工延伸产业链，增加附加值，电商发展拓宽了销售渠道，推动经济增收。生态经济注重绿色发展，兼顾经济与环境效益，多元产业融合促进农业与二、三产业的协调发展，社区集体资产运营则将闲置资源转化为经济收益，形成了多层次的集体经济发展格局。

一、土地流转与规模经营模式

彭州通过土地流转政策的实施，成功推动了农业生产模式的转型和升级。这一政策为土地资源的优化配置提供了可能，使得农业经营从分散的小规模模式向集约化、规模化方向发展。土地流转为农业合作社和农业企业的统一管理提供了保障，也有效促进了土地资源的集中和有效利用，从而提高了农业生产效率。在这一模式下，农户通过土地流转将土地使用权交给合作社或企业进行经营，原本由个体农民单独管理的土地得到了更专业、更高效管理。农业合作社和企业通过集约化经营，实现了大规模的机械化生产，降低了生产成本，提高了土地的单位产出。农户依然是土地的所有者，但通过流转获得了土地租金或分红，从中受益的同时也不再承担传统农业生产中的高风险。

土地流转的关键在于合理的土地集中，通过规模化经营，促进了土地的高效利用。例如，在一些农业合作社中，通过土地流转集中经营，农民的生产方式从零散的种植转向了专业化的种植和养殖。农业合作社在生产过程中引入了先进的农业技术和机械设备，增强了农产品的市场竞争力。此外，规模化生产还使得农民能够享受到更多的政策支持，特别是在农业补贴、技术培训和市场开拓等方面，农民的生产条件得到了有效改善。从市场角度看，土地流转和规模经营的模式有助于提升彭州农产品的市场竞争力。集约化的经营方式不仅降低了生产成本，还通过集中采购、统一销售等方式，提高了市场话语权，使得彭州的农产品能够在更大范围内进行流通和销售。土地流转过程中如何保证农民的权益，避免农民土地流转后失去经济来源和生产自主权，是一个亟待解决的问题。在规模化经营中，如何实现农业生产的可持续性，避免过度开发和资源浪费，也需要特别关注。对此，应当制定相关的保障措施，确保农民的基本利益不受损害，并鼓励合作社和企业在经营中注重生态保护和资源循环利用。

二、农业合作社驱动模式

作为推动农业现代化和集体经济发展的关键力量，农业合作社通过联合农户，整合资源，在生产、加工和销售等环节实现了规模效益。这一模式为农民提供了更多的市场机会，同时也促进了农业经营方式的转型，从分散的小规模生产转向了更高效的集体化合作模式。农业合作社的基本特点在于其成员共享资源、共担风险、共享收益。农户不仅是合作社的成员，还承担着生产者和受益者的双重角色。农户通过加入合作社，能够享受集体带来的技术支持、生产资料集中采购、统一销售等优势。农业合作社将小农经济转变为集约化、专业化生产，从而提升了生产效率，降低了农户之间的竞争压力。同时，合作社通过资源共享、协同作业，增强了市场竞争力，使农民能够在更广阔的市场中占有一席之地。在合作社驱动模式下，农户的生产和经营不仅依赖于单一的传统经验，还可以获得科学技术的支持。许多合作社引入了现代农业技术，如精准农业、机械化生产等，从而大幅度提高了农业生产效率。这种技术支持帮助农民提高产量和质量，增强了农产品在市场中的竞争力。同时，合作社还定期组织培训和技术指导，帮助农民掌握新技术，提升生产水平，促进了农民整体素质的提高。

农业合作社还通过统一销售渠道，解决了农户个体销售难的问题。在传统的农业经营模式中，农户往往面临销售渠道单一、价格不稳定等困境，导致收入波动较大。而合作社通过集体销售，可以集中营销，获得更好的市场定价权和议价权，从而减少农民受到市场波动影响的风险。合作社还可以建立长期稳定的合作关系，拓展农产品的销售市场，甚至发展电商平台，把农产品销售到更广阔的市场，进一步提升农民的收入水平。由于合作社的组织形式较为复杂，一些农民可能在管理、资金、利益分配等方面产生分歧，这可能影响合作社的稳定性和发展。合作社的市场竞争力也受制于其组织的规模和管理水平，如果合作社无法有效整合资源和提升服务能力，其效果可能会大打折扣。因此，在推动农业合作社发展的同时，需要加强对合作社的监管和支持，确保其运行的透明度和公正性。

三、乡村旅游融合模式

乡村旅游融合模式成为彭州近年来推动农村集体经济发展的重要方向。彭州依托得天独厚的自然资源和丰富的文化底蕴，积极发展乡村旅游，成功实现了农业与旅游业的深度融合。这一模式不仅为当地农民开辟了新的收入渠道，还提升了集体经济的整体实力，推动了农村经济的多元化发展。彭州的乡村旅游发展，首先依托的是其得天独厚的自然资源和独具特色的文化景观。山区的清新空气、丰富的植被资源以及传统的民俗文化，为乡村旅游提供了充足的资源基础。通过挖掘和保护这些自然和文化资源，彭州在乡村旅游中融入了农业元素，形成了独特的观光农业项目。这些项目不仅为游客提供了丰富的旅游体验，也促进了农业与旅游的结合，增强了当地农业产品的附加值。农民将自家闲置的房屋改造成民宿，提供给游客住宿，既提高了房屋的利用效率，又为农民带来了稳定的收入来源。农家乐项目则通过提供本地特色餐饮、休闲娱乐和亲子活动等服务，吸引了大量游客前来体验。游客在享受美丽自然景观和乡村生活的同时，也体验了农村文化和农业生产的魅力，促进了农产品的消费，增强了农民参与乡村旅游的积极性。

乡村旅游模式的推广，不仅有效增加了集体经济收入，还为农民提供了新的就业机会。在乡村旅游的带动下，彭州农村的交通、住宿、餐饮、文化等相关产业得到了全面发展，形成了旅游产业链。农民通过从事导游服务、手工艺品制作、农产品销售等工作，增加了收入来源。特别是在旅游高峰期，农民通过参与旅游活动，获得了比传统农业生产更为丰厚的收入，从而有效提高了他们的生活水平。通过旅游产业的带动，彭州的基础设施得到了改善，乡村面貌焕然一新。交通、卫生、环境等方面的改善，提升了乡村的整体吸引力，使得更多的游客愿意来到彭州的乡村体验与休闲。这不仅推动了当地经济的发展，也促进了农村文化的传承与创新。尽管乡村旅游模式给彭州带来了显著的经济效益，但在发展过程中也面临一些挑战。首先，乡村旅游的发展需要较强的基础设施支持，而部分地区的基础设施建设仍相对薄弱，影响了游客的体验。其次，乡村旅游的管理和服务水平参差不齐，需要进一步提升服务质量和设施水平，以增强游客的满意度和回头率。

四、农产品加工延伸模式

随着农业生产的日益现代化，单一的农产品生产已难以满足市场需求，因此，发展农产品加工产业链，提升农产品附加值，成为彭州经济发展的重要路径。通过引进和培育农产品加工企业，彭州有效延伸了农业产业链，提高了农产品的市场竞争力，并推动了农村经济的多元化发展。农产品加工延伸模式的核心在于提升农业生产的附加值。彭州通过投资建设农产品加工厂，引进现代化加工设备，使得初级农产品如水果、蔬菜、谷物等可以转化为多种附加值较高的加工产品。例如，将本地特色农产品加工成果汁、罐头、干制品、调味品等，提升了产品的市场售价和消费者的购买需求。此外，农产品的深加工不仅丰富了市场供给，也增强了彭州农产品在市场中的竞争力，使其能够在更广泛的市场中占有一席之地。在传统的农业模式中，农民往往将大量的原始农产品销往市场，而通过加工产业的加入，农产品的流通不仅限于简单的买卖，更多的是通过加值过程创造新的商业机会。彭州的农业与加工产业相辅相成，既保证了农业生产的稳定性，又使得整个农业产业链更加丰富和多样化。通过加工，彭州农产品的市场定位从单纯的农作物生产转向了综合性产品生产，提升了农业整体效益。

随着加工企业的引入和发展，彭州农村地区出现了大量的就业机会。无论是在农产品的初加工环节，还是在包装、配送等后续环节，众多农村居民参与其中，提升了家庭收入，改善了生活条件。特别是在一些农业合作社和企业的推动下，农民通过参与加工工艺和管理，逐渐提高了技能水平，推动了农村劳动力的转型和现代化。农产品加工产业的发展还带动了周边相关产业的兴起，如物流运输、包装设计、销售渠道等一系列配套产业的提升。随着集体经济的收益增加，彭州的农业和农村经济逐步向更高层次的产业化、现代化迈进，进一步增强了农村经济的自我发展能力。加工企业的技术更新速度较快，一些企业可能面临资金和技术的瓶颈，需要加强创新和技术投入。市场竞争激烈，一些加工企业可能由于生产规模较小、品牌效应不足，面临市场占有率低的问题。因此，彭州在推动农产品加工发展时，需注重扶持和引导，加大政策支持力度，推动产业技术升级和企业转型。

五、电商助力发展模式

随着信息化技术的快速发展，彭州积极推动农村电商平台建设，借助互联网的力量，把本地特色农产品推广到更广阔的市场。这种电商助力发展模式不仅有效拓宽了农产品的销售渠道，还为彭州的集体经济注入了新的增长动力，推动了乡村经济的转型与升级。电商助力发展模式的核心在于通过互联网平台实现农产品的线上销售。传统的农产品销售模式往往受制于地理位置、市场渠道等因素，限制了产品的流通和销售。而通过电商平台，彭州的农民可以将本地的优质农产品直接面对广阔的消费者群体，打破了地域限制，极大地拓宽了销售半径。借助淘宝、京东、拼多多等电商平台，彭州的农产品不仅能够进入城市市场，还可以通过平台的推广吸引更多消费者的关注，增加产品的市场曝光度和销售量。电商模式在提升农产品市场竞争力的同时，也推动了当地农业产业的升级。通过与电商平台合作，彭州的农民和合作社能够获取更多的市场信息，及时了解消费者需求和市场趋势，从而调整生产计划和营销策略。此外，电商平台为农民提供了更加透明的价格体系，避免了传统中介环节中的信息不对称，有效提高了农民的收入水平。同时，电商平台还能够为农民提供一站式服务，包括产品包装、物流配送、支付结算等，极大地方便了农民的生产和销售。

电商平台不仅有助于农产品的销售，还促进了农村经济的多元化发展。在电商模式的推动下，彭州逐步发展起了农产品加工、电商物流、网络营销等配套产业，形成了完整的产业链。农民不仅通过直接销售农产品获得收入，还可以通过加工、包装等环节增加附加值。电商模式的发展带动了乡村的各类产业，同时吸引了大量的电商创业者和企业进入乡村，进一步激活了农村经济的活力。在电商助力模式的推动下，彭州的农民和农村企业也逐渐提升了信息化水平，具备了更强的市场适应能力。通过培训和技术支持，农民掌握了电商操作技能，从而能够更好地管理和运营网店，提高电商运营效率。此外，电商平台为彭州的农民提供了直接接触市场的机会，让他们了解消费者的需求，从而使生产更具市场导向，避免了过剩生产的风险。虽然电商平台为农产品提供了广阔的市场，但不少农民在使用电商平台时依然面临着技术障碍，部分农民缺乏足够的电商运营知识。电商物流体系的建设仍存在不足，特别是在偏远地区，物流配送时间较长，成本较高，这可能影响消费者的购物体验。因此，应进一步加强对农民电商技能的培训，并完善物流基础设施，促进电商平台的可持续发展。

六、生态经济模式

生态经济模式是彭州在推动农村集体经济发展过程中，注重经济效益与环境保护协调发展的重要途径。近年来，彭州通过推广绿色农业和循环农业，依托生态优势，不断探索符合可持续发展要求的农业发展模式，取得了显著的成效。这一模式不仅提高了农产品的质量和附加值，还有效促进了环境保护和生态修复，实现了经济效益和生态效益的双赢。绿色农业作为彭州生态经济模式的核心，强调的是环境友好的生产方式。彭州通过有机种植减少农药化肥的使用，推广生态种植技术，保持土壤的健康和农田的生态平衡。绿色农业不仅保护了土地资源和水源，还增强了农产品的安全性和市场竞争力。例如，通过有机种植的农产品，能够满足消费者对健康食品日益增长的需求，拓展了农产品的市场份额。此外，绿色农业的推广，也促进了生物多样性保护，增强了农业生态系统的韧性。

循环农业通过优化资源利用和减少废弃物排放，打造资源循环利用的农业生产体系。例如，彭州在农业生产过程中推广农畜结合、秸秆还田等措施，促进了农业废弃物再利用，提高了土地的肥力，减少了农业生产中的污染。彭州实现了农业生产与环境保护的良性循环，不仅提升了农业生产的可持续性，还增强了农村生态系统的自我调节能力。通过推行生态养殖技术，彭州减少了传统养殖方式中对环境的污染，改进了养殖业的生态环境。例如，彭州在养殖过程中引入了循环水养殖、自然草场放养等方式，减少了化肥、兽药的使用，促进了生态环境的保护。这不仅提高了畜禽产品的质量，也提高了农民的收入水平，推动了农牧结合的健康发展。

通过生态农业和生态养殖的发展，彭州的农民逐渐摆脱了传统农业低效益、高污染的困境，走上了绿色发展之路。随着生态产品的日益受到市场青睐，彭州的农业和畜牧业逐渐从低附加值的生产转向了高附加值的产品输出。生态农业产品的逐步推广，也吸引了越来越多的游客和投资者关注彭州，推动了乡村旅游、农产品加工等相关产业的发展。生态农业和生态养殖需要较高的技术支持和资金投入，部分农民在转型过程中可能会遇到资金不足、技术难题等问题。生态经济的推广需要长期的政策支持和市场培育。应进一步加大对生态农业的扶持力度，提供必要的技术培训和资金补助，帮助农民克服转型过程中的困难。

七、多元产业融合模式

通过积极发展农旅结合、产销一体化和综合服务平台，彭州逐渐形成了多元化的经济结构。这种产业融合不仅提升了集体经济的抗风险能力，也增强了其持续发展潜力，使得传统农业经济逐步转型为更加多样化和现代化经济体系。凭借丰富的自然资源和独特的文化底蕴，彭州积极推动农业与旅游业的结合，发展农业观光旅游、农家乐、生态旅游等项目。农民不再仅仅依靠传统的农业生产收入，而是通过旅游业的带动，拓宽了收入来源。观光农业的开展，使游客能够亲身体验到农田、果园的魅力，不仅提高了农产品的知名度，还增加了农民的收入。乡村旅游的繁荣，不仅促进了本地经济的发展，也带动了周边地区的旅游产业链发展，形成了更加多元的经济体系。

彭州加强了农业生产和市场销售的紧密衔接，推动农产品生产和销售的全过程一体化。通过建立农产品销售平台和合作社，农民可以直接进入市场，提高了销售效率，提升了农产品的附加值。产销一体化的实施使得农民的收入更加稳定，也促进了农业的市场化进程。农产品的集中采购和销售，推动了农民组织化生产，提升了农业生产的规模效益。此外，彭州还注重综合服务平台的建设，推动各个产业之间的协同发展。通过建设集农业生产、加工、销售、物流为一体的综合服务平台，彭州不仅提高了农产品的流通效率，还降低了交易成本。农民、农业合作社、企业之间的合作更加紧密，集体经济发展也更加稳定。综合服务平台的建设还促进了信息化和现代化农业的发展，为农民提供了技术培训、市场咨询和金融支持等多方面的服务，帮助他们提高生产效率，增加经济收入。

通过发展农旅结合、产销一体化和综合服务平台，彭州成功实现了农业与二、三产业的深度融合，打破了传统农业单一依赖生产的模式。各产业之间的协同发展，不仅提高了经济效益，还提升了产业的整体竞争力和抗风险能力。农旅结合的推进需要大量的基础设施投入，如交通、住宿和旅游设施的建设。产销一体化的推进需要农民具备较高的组织化程度和市场适应能力。为了克服这些困难，应加大基础设施建设的投入，同时加强对农民的技术培训和市场教育，提高他们的整体素质。

八、社区集体资产运营模式

随着农村集体经济的转型和多元化发展，通过出租、合作开发等方式，将闲置的土地、房屋等集体资产转化为可持续的经济收益，显著增强了社区集体经济的造血功能，推动了地方经济的进一步发展。彭州通过出租集体土地、房屋等闲置资源，极大提高了资源的利用效率。随着城市化进程的加快，一些农村地区的集体土地和房屋逐渐空置，未能发挥其应有的经济价值。为了盘活这些闲置资源，彭州采取了出租的方式，将这些土地和房屋提供给企业、商户或个人进行长期租赁。集体经济能够稳定获得租金收入，而租赁方则通过使用这些资源实现其生产或经营目标。这种方式既提高了资源的利用率，又为集体经济提供了稳定的收入来源。通过与企业或社会资本的合作，彭州将集体资产开发成具有商业价值的项目。例如，土地资源可以通过与企业合作开发成工业园区、商业综合体或住宅小区，充分释放土地的经济潜力。国家和集体经济组织承担着重要的协调角色，为合作开发提供政策支持和法律保障。通过这种合作开发模式，不仅能够带动当地经济的增长，还为集体经济注入了新的资金和发展动力。

在社区集体资产的出租和合作开发过程中，往往需要大量的劳动力支持，这为当地居民提供了丰富的就业机会。无论是在建筑施工、物业管理还是商业运营等领域，都能够为居民提供就业岗位，增加他们的收入。通过这种方式，社区集体资产的开发不仅提升了集体经济的收益能力，也增强了居民的经济参与感和获得感。如何确保集体资产的合理使用和公平分配是一个亟待解决的问题。部分集体资产的开发可能涉及利益分配问题，如何保证集体成员的公平利益是非常重要的。集体资产的开发与管理需要较强的专业化运作，缺乏经验和资金可能会导致资源的浪费。彭州在实施这一模式时，需要注重加强管理和技术支持，确保开发过程的顺利进行。

第三节　彭州农村集体经济的优势与劣势分析

彭州农村集体经济在土地资源集中、农业合作社组织化、乡村旅游融合和农产品加工等方面具备显著优势。土地流转促进了规模化经营，合作社提高了农民组织化程度，乡村旅游拓宽了收入来源，农产品加工提升了附加值。然而，资源配置不均、管理体制传统、市场竞争力不足、生态环境保护压力大以及集体资产管理滞后等问题，也制约了集体经济的进一步发展。

一、彭州农村集体经济的优势分析

（一）土地资源的集中与规模化经营

彭州农村集体经济在土地资源的集中管理方面具有明显优势。通过土地流转和规模化经营，土地资源得到了有效配置和优化。农户通过将土地使用权转让给农业合作社或企业，实现了土地资源的统一管理。这种集约化经营不仅提高了土地利用效率，还促进了农业生产规模化，提升了农业生产的整体效益。

（二）农业合作社的组织化效应

农业合作社在彭州农村经济中的作用至关重要。通过组织农户联合生产、加工和销售，合作社实现了资源的共享和利益的最大化。农民既是合作社的成员，也是生产者和受益者，这种模式有效提升了农民的组织化程度，减少了个体生产中的不确定性。合作社的力量还帮助农民获得了更好的市场定价和集体议价的能力。

（三）乡村旅游与农业的深度融合

彭州农村集体经济的另一大优势是乡村旅游的快速发展。凭借丰富的自然资源和历史文化背景，彭州大力发展乡村旅游，形成了农业与旅游业的融合模式。这种模式不仅推动了农产品的销售，还增加了集体经济的多元收入来源。乡村旅游带动了当地的民宿、农家乐等产业的繁荣，同时也促进了农村社会的文化交流和乡村振兴。

（四）农产品加工的产业链延伸

农产品加工产业链的延伸为彭州农村集体经济注入了新的活力。通过引进加工企业，彭州大力发展农产品加工产业，提高了农产品的附加值。这不仅优化了农业产业结构，还创造了大量的就业机会，进一步促进了农村经济的多元化和可持续发展。

二、彭州农村集体经济的劣势分析

（一）资源配置不均与发展不平衡

尽管彭州在土地流转和集体经济发展上取得了一定成效，但资源配置仍存在不均衡问题。部分地区的土地资源、资金和技术支持较为集中，而偏远地区的集体经济发展则相对滞后[①]。这种不平衡发展制约了农村集体经济的全面提升，造成了地区间经济差距的加大。

（二）集体经济的管理体制和经营模式缺乏创新

彭州部分农村集体经济的管理体制仍较为传统，缺乏创新和灵活性。在集体经济管理中，一些地方依然采用粗放式管理模式，决策过程缺乏透明度和参与度。这使得集体经济面临较大的经营风险，管理效率低下，无法适应现代化市场环境的需求。

（三）农业合作社的市场竞争力不足

尽管农业合作社在彭州农村经济中发挥了积极作用，但部分合作社的市场竞争力仍然较弱。一方面，部分合作社的生产经营模式相对单一，缺乏品牌化和差异化竞争优势；另一方面，农产品的质量控制和市场拓展能力有限，导致合作社面临市场价格波动和销售渠道不畅等问题。

（四）生态环境保护与经济发展矛盾

在追求经济增长的过程中，彭州某些地区仍面临着环境保护的压力。部分地方在发展农业、乡村旅游等产业时，忽视了生态环境的保护，导致土地资源的过度开发、污染物排放等问题。这不仅影响了生态环境的可持续性，也影响了乡村旅游等

① 舒展，曾耀岚．发展新型农村集体经济：现实困境与可能路径［J］．哈尔滨工业大学学报（社会科学版），2022，24（5）：144—152.

产业的长期发展。

（五）集体资产管理的滞后性

尽管彭州在集体资产的开发与运营方面取得了一定进展，但部分地区集体资产的管理仍处于滞后状态。资产的闲置和低效利用，导致集体经济的潜在收益未能得到充分释放。同时，集体资产的开发往往依赖外部资本和合作，这使得集体经济在自主性和控制力上面临一定的挑战。

第四节　当前彭州农村集体经济面临的主要挑战

彭州农村集体经济面临土地流转进展缓慢、农业合作社市场竞争力不足、产业结构单一等挑战。尽管土地流转推进了规模化经营，但部分农民信任度不高，管理支持不足。合作社缺乏品牌化和竞争优势，市场拓展困难。产业发展创新不足，依赖传统农业。同时，生态保护与经济发展之间的矛盾、农村金融支持不足、技术与人才短缺等问题也严重制约了集体经济的可持续发展。

一、土地流转与规模经营的瓶颈

尽管土地流转在彭州推动了规模化经营，但在实际操作中仍面临一些问题。部分农民对土地流转的信任度较低，导致流转进程缓慢。此外，土地流转后的农业生产效益未必能够达到预期，部分农业合作社和企业在管理、技术和资金上的支持不充分，使得规模化经营的效益未能得到充分发挥。

二、农业合作社市场竞争力不足

虽然农业合作社在彭州农村经济中发挥了重要作用，但不少合作社面临市场竞争力不足的挑战。合作社的产品多为传统农产品，市场拓展能力较弱，难以应对市场价格波动和激烈的市场竞争。部分合作社的管理能力也相对薄弱，缺乏科学的经营模式和规范的管理体系。

三、产业结构单一，缺乏创新

彭州的农村集体经济在产业结构上仍较为单一，主要依赖传统农业和乡村旅游等产业，缺乏产业多样性和创新能力。随着市场需求的变化，传统农业模式的盈利空间逐渐缩小，而新兴产业的拓展较为缓慢。集体经济需要进一步推动产业的多元化发展，以增强其可持续性和抗风险能力。

四、生态环境保护与经济发展矛盾

某些地方过度开发土地资源，造成生态环境压力增大，如水土流失、农业污染等问题。这些环境问题不仅影响了农田的生产力，还对发展乡村旅游等产业带来了负面影响。因此，如何实现经济发展与生态保护的平衡，是当前彭州农村集体经济面临的一个重大挑战。

五、农村金融支持不足

虽然彭州在推动集体经济发展方面做了很多努力，但农村金融体系的支持仍显不足。许多农户和农村企业在发展过程中缺乏足够的资金支持，难以获得低成本、长周期的贷款和融资渠道。这限制了农业合作社和农村企业的扩展和技术更新，也使得集体经济的投资和发展受到了制约。

六、人才缺乏与技术水平低

彭州农村集体经济发展面临的人才短缺问题较为突出。由于乡村教育和培训资源匮乏，许多农民缺乏先进的农业技术和管理经验。此外，农村集体经济的创新能力受限，部分农民对现代化农业技术、生态农业、数字化经济等新兴领域的了解和应用较为滞后，影响了整体发展的效率和质量。

第四章　彭州新型农村集体经济发展的政策支持与环境分析

彭州新型农村集体经济的发展得到了政策的积极支持，尤其是土地流转、农业产业化、乡村振兴等方面的政策推动。这些政策促进了土地资源的有效配置和农业合作社的发展。同时，在基础设施建设、农村金融服务和科技创新等领域也提供了强有力的支持。然而，当前仍面临政策执行力不足、资金支持不均、农民参与度不高等问题，需要进一步优化政策环境，提高政策实施效果，促进农村集体经济的健康可持续发展。

第一节　国家及地方的政策支持

通过引入现代农业技术、乡村旅游、绿色产业等多元化发展路径，彭州市不仅提高了集体经济的市场竞争力，也为农民创造了更多的就业机会。此外，地方的支持与企业的参与，也为这些案例的成功提供了重要保障，推动了乡村振兴战略的实施。

一、彭州新型农村集体经济发展国家政策支持

（一）乡村振兴战略

国家实施的乡村振兴战略为彭州农村集体经济提供了坚实的政策支持和方向指引。乡村振兴战略通过推进农业现代化，推动了彭州农业生产方式的转型。国家鼓励彭州发展智慧农业、精准农业等新型农业模式，提升农业生产效率，促进农民收

入的稳步增加[①]。国家在农业技术推广、农机购置等方面提供了大力支持，使得彭州的农业生产不仅实现了规模化，而且在技术和管理水平上得到了显著提升。乡村振兴战略强调基础设施建设，尤其是农村交通、供水、供电和信息化等方面的改善。彭州地方在这一框架下加大了对农村基础设施的投资，尤其是在偏远乡村区域，大规模改善了交通网络，促进了农村生产和流通的效率。这一政策也推动了农村旅游等行业的发展，提高了集体经济的活力。通过政策推动，彭州的农村基础设施得到了全面提升，不仅改善了农民的生活条件，也为农村集体经济提供了更广阔的市场和发展空间。

国家要求各地农村集体经济要在发展中注重生态环境的保护。彭州也积极响应国家号召，推广绿色农业和生态农业，减少化肥和农药的使用，倡导可持续的农业生产方式。通过有机农业、循环农业等绿色发展模式，彭州不仅提高了农产品的品质和市场竞争力，还改善了农村生态环境。彭州为农民提供了相应的技术支持和补贴，鼓励农民参与绿色农业项目，提高了集体经济的长远可持续发展能力。乡村振兴战略同样推动了农业与二、三产业的融合。彭州逐步发展了乡村旅游、农产品加工等多元化产业，形成了农业与旅游、农业与电商等跨行业合作的趋势。通过政策引导和资金扶持，彭州的农业生产不再局限于单一的种植养殖业，而是向更加多元化的方向发展，集体经济收入来源更加多样化。这不仅提升了彭州农村经济的整体水平，也增强了抗风险能力和市场适应性。通过这些政策的实施，乡村振兴战略为彭州的农村集体经济注入了强大的动力，推动了农业的现代化和农村经济的全面发展。随着政策的深入实施，彭州农村集体经济将在未来迎来更为广阔的发展前景。

（二）土地流转政策

国家推出的土地流转政策，鼓励农民将土地使用权流转给农业合作社或企业，这一政策为彭州的农业发展提供了重要支撑。彭州的农业生产方式逐渐向规模化和集约化转型，推动了农业生产的现代化。这一政策有效解决了传统小农经济中土地分散、资源利用效率低的问题，为实现农业生产的高效化提供了条件。土地流转政

① 高静，杨云皓，伍瑞．新型农村集体经济发展测度、地区差异和路径探析［J］．西南大学学报（自然科学版），2024，46（12）：127－141.

策为彭州农业合作社和企业的发展提供了丰富的土地资源。农民将土地流转给合作社或企业后，不仅减少了对土地管理的负担，还能通过与合作社的合作获取更多的收入。合作社通过整合大量土地资源，提升了土地的使用效率，从而实现了规模化经营，进一步提高了农业生产效率。此外，合作社还能统一采购农业生产资料，降低生产成本，提高整体经济效益。随着农业生产规模的扩大，彭州的农业合作社和企业能够引入先进的农业技术，提高土地的产出效率。大规模的农业经营使得彭州在引进现代化农业设备和技术时具有了更强的资金实力，从而推动了农业现代化进程。此外，土地流转为农业科技创新和产业升级创造了有利条件，推动了高效、绿色的农业发展。

土地流转不仅限于农业领域，还为彭州发展农业产业化提供了动力。通过土地的规模化经营，彭州能够在农产品加工、电商、乡村旅游等产业中实现联动发展，形成农业与二、三产业融合的局面。例如，农民通过土地流转与旅游企业合作，共同发展农业观光和农家乐等项目，既增加了集体经济的收入来源，也促进了农村经济的多元化发展。此外，土地流转政策也增强了农民的组织化程度，提升了农村集体经济的竞争力。在土地流转过程中，农民通过合作社等集体组织进行生产，增强了农民之间的合作精神和集体主义意识，有利于提高生产力和市场竞争力。土地流转使农民不再单打独斗，而是通过集体力量实现资源共享和优势互补，从而提高了农民的整体收入。

（三）农业补贴政策

国家实施的农业补贴政策为彭州的农业发展注入了强大的动力，尤其是在减轻农民生产负担、提高农业产业竞争力方面发挥了重要作用。通过种植补贴、养殖补贴以及农业技术补贴等形式，国家有效降低了农民的生产成本，推动了农业产业的持续发展，提升了农业生产的效益和农民的收入水平。种植补贴政策在彭州的推广，帮助农民降低了种植成本，提升了作物的种植面积和生产效率。彭州的农民通过国家提供的种植补贴，能够在购买种子、化肥和农药等生产资料时，获得一定的经济支持，减轻了其资金压力。这使得农民能够更好地进行农业生产，同时也促进了农业生产的规模化发展。在一定程度上，种植补贴不仅有助于提高粮食等农产品的生产，还促进了农业科技的引进和应用。

国家在养殖方面提供的补贴，使得彭州的养殖业者能够获得更多的资金支持，从而减少了养殖过程中的风险和成本。这种补贴政策不仅有助于提高畜牧业和水产养殖的生产水平，还能增强农民参与养殖业的积极性。彭州的农民在得到补贴的帮助下，能够在养殖业中取得更高的收益，进而推动了农村经济的多元化发展。随着农业科技的不断进步，农业技术的创新和推广成为提升农业生产效益的关键因素。国家通过农业技术补贴政策，鼓励彭州农民引进先进的农业技术和设备，推动现代农业的发展。通过这一政策，农民能够以较低的成本获得高效的农业生产技术，从而提升农业生产的技术含量和附加值。农业技术补贴不仅提高了农民的技术水平，也推动了绿色农业和高效农业的发展。在补贴政策的支持下，彭州的农民能够更好地保障自身的生产条件和收入来源，减轻了市场波动带来的影响，增强了农业生产的稳定性。补贴政策直接提升了农民的生活水平，也推动了农业产业的长期可持续发展。

（四）农村金融支持政策

国家在农村金融支持政策上的持续发力，为彭州集体经济的发展注入了强劲的资金活力。通过提供低利率贷款和创新的农村金融服务，国家有效缓解了农村地区普遍存在的融资难题，为彭州的集体经济发展提供了坚实的金融保障。通过农业银行、农村信用社等金融机构，国家向农民、农业企业和农村合作社提供了低利率贷款服务，有效降低了融资成本。彭州的农村集体经济体可以借助这些贷款，投资于农业基础设施建设、现代农业设备引进以及新型产业的开发。这不仅缓解了资金短缺问题，还提高了资金使用效率，为经济发展注入了持续的动力。国家大力推进农村金融服务的创新，为彭州农村经济的多元化发展提供了支持。包括农业保险、供应链金融和绿色金融等新型金融服务模式在内的创新举措，使得彭州的农户和集体经济组织能够更好地应对农业生产中的市场风险和自然风险。例如，农业保险的推广为农户提供了有力保障，在遭遇自然灾害时能够及时获得赔偿，从而减少经济损失；供应链金融则帮助农村企业在产业链的上下游中获得必要的资金支持。

通过针对农村企业的专项贷款和扶持政策，国家引导企业投资于农产品加工、乡村旅游和现代农业等领域。这种政策安排为企业提供了稳定的资金来源，助力其在集体经济中发挥更大作用。此外，这些政策还吸引了社会资本参与农村经济建设，进一步提高了集体经济的市场竞争力和发展潜力。农村金融支持政策也在一定程度上促进了彭州农民的创业创新。国家通过创业贷款和专项基金，为农民提供了创新创业所需的资金支持，激发了他们参与集体经济发展的积极性。在这种政策的激励下，越来越多的彭州农民投身于新型农业、特色产业以及电商领域，形成了农村经济发展的新动力。这些政策的实施改善了彭州农村地区的金融环境，推动了金融机构服务的普及化和便捷化。农村地区的金融基础设施建设得到加强，农村居民的金融素养逐步提升，为农村经济的可持续发展提供了更广阔的空间。

二、彭州新型农村集体经济发展的地方政策支持

（一）土地政策与农业合作社扶持

彭州市高度重视土地政策的实施与农业合作社的扶持，通过一系列举措为农村集体经济的发展提供了有力支撑。在土地政策方面，彭州市积极贯彻国家土地流转政策，制定了完善的土地流转管理办法，确保土地流转过程合法合规。通过明晰土地流转程序，规范流转合同，彭州市为农户和农业合作社提供了法律保障，有效降低了土地流转中的风险。与此同时，彭州市通过多种渠道支持农业合作社的发展，为其提供了更加宽松的经营环境和强大的政策支持。例如，财政补贴政策成为扶持农业合作社的重要手段，定期向符合条件的合作社提供资金支持，用于基础设施建设、农业机械化购置以及新品种、新技术的引进。这一举措不仅提高了合作社的生产能力，还激励更多农户加入合作社，实现规模化生产经营。

对于注册登记的合作社，在企业所得税、增值税等方面提供减免政策，降低其经营成本，提升其市场竞争力。此外，还简化了合作社的审批流程，缩短了注册时间，使得更多的农业合作社能够快速建立并投入生产。在人才培养方面，彭州市积极组织农业技术培训，提升合作社成员的专业技能。通过与农业院校合作，为合作社提供专项技术指导和管理咨询，帮助其优化生产模式、提高管理水平。这些培训活动增强了农户和合作社管理者的能力，使得合作社的运作更加高效，生产效益明显提升。

彭州市还通过完善农村基础设施，为土地政策的实施和合作社的发展提供了良好的环境。道路、水利、电力等基础设施的改善，不仅提高了农业生产的便利性，还为农产品运输和销售创造了更大的市场潜力。通过这一系列举措，彭州市逐步建

立起了现代农业发展的坚实基础。在政策执行中注重公平与透明，确保所有农户都能平等享受到政策红利。通过设立政策宣传点、开展政策讲解活动，彭州市增强了农户对土地流转政策和合作社扶持政策的了解，提升了他们参与土地流转和加入合作社的积极性。

（二）产业融合与乡村旅游发展

彭州在促进产业融合与乡村旅游发展方面采取了积极措施，为地方农村经济注入了新的活力。以农业为基础，通过推动与二、三产业的深度融合，积极鼓励农户和集体经济组织探索多样化的发展路径。乡村旅游成为其中的重要方向，借助彭州丰富的自然资源与文化底蕴，地方推动了观光农业、农家乐和民宿经济的快速发展。通过规划景区、完善基础设施，为乡村旅游创造了便利条件，使其成为农村经济的重要支柱。与此同时，农产品加工产业的崛起为农村经济增添了新动能。通过提供资金支持和技术指导，鼓励农民和合作社将农产品深加工。通过建设农产品加工园区、引进现代化加工设备，有效推动了彭州农村经济向产业链高端延伸。不仅如此，农产品加工产业还吸纳了大量农村劳动力就业，提高了居民收入水平，形成了经济与社会效益的双赢。

在电商领域，大力推动农村电子商务的发展，为农产品打开了更广阔的市场。通过设立电子商务服务站和培训农村电商人才，提升了农民对现代营销模式的适应能力。此外，彭州还与大型电商平台合作，为本地特色农产品搭建线上销售渠道，助力农户扩大产品销售范围。这些举措使彭州的农产品更具竞争力，同时为农村集体经济注入了创新活力。值得一提的是，在推动产业融合过程中注重政策引导和规划支持，通过制定专项扶持政策和发展规划，为乡村旅游、农产品加工和电商发展提供制度保障。比如，在乡村旅游领域，推出了景区门票补贴和民宿建设补助政策，激励农户和企业积极参与相关产业建设；在农产品加工方面，提供税费减免和技术研发支持，降低了企业的运营成本；而在电商领域，为农村物流基础设施建设提供专项资金，解决了农产品运输的“最后一公里”难题。此外，彭州还注重资源的整合与共享，鼓励不同产业之间形成协同效应。例如，依托乡村旅游的流量优势，推动本地农产品的直接销售，形成“旅游＋农产品”模式；同时，将农产品加工和乡村旅游的资源优势结合起来，进一步提升农村经济的整体竞争力。

（三）农村基础设施建设

彭州市在农村基础设施建设方面持续加大投入力度，为农村经济的持续发展和居民生活水平的提高奠定了坚实基础。通过大规模的交通建设，显著改善了农村地区的出行条件。乡村公路的升级和拓宽、村道硬化工程的推进，使得村与村之间、城乡之间的物流和人流更加顺畅，为集体经济产品进入更广阔的市场提供了便利条件。同时，便利的交通也促进了乡村旅游业的发展，吸引了更多游客，进一步激发了农村经济的活力。针对一些农村地区供水不稳定的问题，启动了自来水普及工程，建设和维修供水管网，确保农村居民用水安全。与此同时，在电力基础设施建设中，引入新能源项目，将清洁能源与传统电网结合，为农村经济发展提供了更加可靠的能源保障。这种供水供电条件的提升，不仅改善了居民的生活环境，也为农业机械化和农产品加工的开展提供了重要支持。

彭州市通过推进宽带覆盖工程和移动通信网络的升级，使农村地区逐步实现了信息化与数字化的全面接入。高速网络的普及为农村电子商务的发展创造了条件，使农民能够更快捷地获取市场信息和技术指导。同时，这种信息化基础设施也推动了智慧农业的普及，帮助农户提升生产效率，降低成本，实现精准化种植和养殖。建设污水处理系统和垃圾分类设施，不仅改善了农村的生态环境，也提升了村民的生活质量。农村文化活动中心和体育设施的建设，为居民提供了丰富的文化和休闲空间，进一步增强了农村社区的凝聚力。这些措施改善了农村地区的整体面貌，也使得乡村对年轻人的吸引力不断提升，缓解了农村人口外流的问题。在各类基础设施建设过程中，注重统筹规划和资源整合。通过联合多方力量，积极吸引社会资本参与基础设施建设，实现了公共资金与市场资金的高效结合。这种多元化的资金投入模式，不仅提高了基础设施项目的建设效率，也减轻了地方财政的压力。

（四）人才引进与培训政策

彭州市在推动农村集体经济发展的过程中，将人才引进与培训政策作为重点支持领域。通过设立专项资金，为吸引外部高素质人才回流提供了经济保障，尤其是在现代农业、农村电商、乡村旅游等领域，通过政策激励引导优秀人才投身农村经济建设。这些措施不仅为集体经济带来了新鲜血液，也为农村的发展注入了更多活力。同时，彭州高度重视农村劳动力的技能提升工作。针对农村劳动力的不同需求，定期举办现代农业技术培训班，邀请农业专家和企业技术人员讲授先进的种植养殖技术。在实践中，这些培训大大提高了农民对新技术的掌握能力，有效增强了他们在农业生产中的竞争力。与此同时，还重点开展管理能力培训，使农民了解集体经济的运营模式，帮助他们更高效地参与到农村经济的发展中。

在人才政策实施过程中，彭州注重与高校和科研机构的合作，搭建产学研一体化平台，为农村集体经济的科技创新提供支持。例如，邀请农业高校专家深入农村开展技术指导或科研试验，将最新的农业科研成果直接应用到实际生产中。这不仅提高了农业的科技含量，也为农村产业结构的升级提供了有力支撑。此外，还推出了一系列创新举措，例如鼓励年轻人通过互联网创业，为他们提供创业基金和技术支持。在电商平台推广、农产品品牌建设等领域，这些年轻创业者充分发挥了自己的优势，为集体经济创造了更多的增长点。同时，为返乡创业者提供政策扶持，通过减税、补贴等方式，降低创业成本，激发农村经济发展的内生动力。在不断优化政策的过程中，注重政策的可持续性，确保人才引进和培训能够长期为集体经济发展提供支持。这些政策的实施，使彭州农村集体经济在科技创新和技术进步方面取得显著成效，为推动乡村振兴奠定了坚实基础。

第二节　政策环境对彭州农村集体经济的影响

政策环境为彭州农村集体经济的发展提供了强大的支持，推动了农业现代化、产业升级、资金流动和技术创新，使彭州的农村集体经济在激烈的市场竞争中保持了较强的生存与发展能力。

一、土地流转政策的促进作用

（一）优化土地资源配置

彭州通过土地流转政策，实现了土地资源的有效配置。农户将土地使用权流转给农业合作社或企业，集中的土地资源得以更加合理管理与使用，减少了分散化生产带来的效率低下。集中经营的方式有效提高了土地利用率和生产效率，促进了农业生产的现代化，为集体经济的发展提供了更加充足的资源支持。

（二）推动规模化和集约化经营

土地流转政策促进了农业经营的规模化和集约化。随着土地流转，农业合作社或企业得以集中管理大面积土地，实现了规模化生产。通过引进先进的农业技术和设备，提高了生产效率和产品质量。同时，规模化经营降低了单位成本，使得农业生产更具竞争力，为彭州集体经济的增长提供了重要动力。

（三）促进农业现代化与集体经济发展

土地流转政策为彭州农业现代化提供了重要支持。通过土地的集中经营，农业生产不仅得以机械化和科技化，还能更好地适应市场需求。随着现代化农业技术的引入，农业产值大幅度提升，为农村集体经济注入了新的活力。这一政策推动了农业与二、三产业的融合，进一步促进了集体经济的多元化发展，推动了彭州农村经济的全面发展。

二、乡村振兴战略的全面推动

（一）基础设施建设的加强

乡村振兴战略的实施推动了彭州农村基础设施的建设与升级。加大了对交通、供水、供电和信息化等基础设施的投入，改善了农村的生产与生活条件。完善的基础设施为农民提供了更好的生产条件，促进了农业生产的高效开展，并为农村集体经济的发展提供了有力的支撑。同时，良好的基础设施也吸引了更多的投资和资源流入，为农村经济的长期发展奠定了基础。

（二）农业现代化的推进

在乡村振兴战略的支持下，彭州加大了农业现代化的推进力度，通过政策和资金扶持，鼓励农业采用现代化技术，提升农业生产力。智能化、机械化、信息化等先进技术被广泛应用于农业生产，提高了农产品的产量与质量。同时，绿色农业与生态农业的推广也为彭州集体经济提供了新的增长点，推动了农业生产的可持续发展，增强了农村集体经济的长期竞争力。

（三）农业与二、三产业的融合发展

乡村振兴战略强调农业与二、三产业的深度融合，彭州借此契机，推动了农业、农村产业与旅游、电商等新兴产业的结合。通过发展乡村旅游、农产品加工等产业，彭州形成了多元化的经济结构，农村经济不再单一依赖农业生产。乡村振兴战略的推动促进了集体经济的转型升级，使得彭州农村集体经济在产业结构优化、市场竞争力提升方面取得了显著成效。

三、产业融合政策的积极作用

（一）促进农业与服务业的深度融合

彭州积极推动农业与服务业的融合，特别是在乡村旅游、电商和农产品加工领域的拓展。农村集体经济不仅专注于传统的农业生产，还鼓励发展乡村旅游和地方特色文化产业，吸引游客和投资，提升了乡村的经济活力。同时，电商平台的建设使农民能够直接将农产品销售到更广阔的市场，增强了农业与服务业的结合，推动了集体经济的多元化发展。

（二）推动农产品加工产业的发展

彭州市在产业融合政策的引导下，大力推动农产品加工产业的发展。这一政策鼓励集体经济组织与农业企业合作建设农产品加工厂，提高农产品的附加值。通过发展深加工产业，农产品的价值被进一步提升，从而增强了集体经济的盈利能力。同时，农产品加工产业的兴起，也为农村居民创造了更多的就业机会，促进了劳动力的转移与再就业，进一步推动了农村集体经济的转型与发展。

（三）增强集体经济的抗风险能力与收入多样化

产业融合政策帮助彭州的农村集体经济实现了多元化发展，农业生产不再是唯

一的经济来源。通过引导和扶持电商、乡村旅游、文化创意产业等新兴产业，农村集体经济的收入结构得到了优化，增强了对外部经济波动和市场变化的适应能力。这种多元化的经济模式不仅提升了农村集体经济的抗风险能力，还为农民带来了更多的收入来源，推动了农村经济的稳步增长与持续发展。

四、农业补贴与财政支持政策

（一）降低生产成本，提升农民收入

国家出台的农业补贴政策为彭州的农民提供了实质性的经济支持，通过对种植、养殖等农业活动的补贴，帮助农民降低了生产成本。这些补贴政策不仅缓解了农民的经济压力，还提高了农民的收入水平，增强了他们的生产积极性和参与集体经济的动力。通过政策激励，农民更加愿意投入农业生产中，提高了农业产值，并为农村集体经济注入了更多活力。

（二）推动农业现代化与产业升级

农业补贴政策还促进了彭州农业的现代化进程。通过对先进农业技术、设备购置以及绿色农业等方面的支持，鼓励农民采用现代化的生产方式，提高了农业生产的效率和可持续性。财政扶持政策为农业合作社和农民提供了充足的资金，帮助他们购置现代农业设备，实施高效、环保的农业技术，从而促进了农业产业的升级和集体经济的发展。

（三）加强集体经济组织的资金支持

财政支持政策为农业合作社和集体经济提供了更多的资金保障，帮助这些组织在发展过程中解决了资金短缺的问题。财政资金的投入，不仅提高了农业合作社的生产能力，还增强了其市场竞争力。通过财政扶持，农业合作社能够扩展规模，提升管理水平，并促进集体经济的全面发展。此外，财政支持还可以用于建设农村基础设施，为集体经济提供良好的发展环境。

五、金融支持政策的助力

（一）缓解资金短缺，提供发展资金

国家和地方通过低利率贷款和信贷支持等金融政策，为彭州的农村集体经济提供了充足的资金支持。这些政策有效缓解了农民和农业合作社在资金方面的压力，使其能够获得更低成本的融资渠道。这为农业企业的扩展、农业合作社的运作以及农村集体经济项目的实施提供了强有力的资金保障，确保了经济活动的持续和扩展。

（二）促进农村企业发展与产业升级

金融支持政策不仅帮助农业生产者解决了资金短缺问题，还为农村企业的发展提供了资金来源。地方通过加强与金融机构的合作，推动农业、农村企业以及集体经济组织获得更为灵活的融资支持。这些资金可以用于企业的技术创新、设备更新、产业升级等方面，促进了农村经济的现代化转型，提升了农业产业的竞争力和集体经济的整体实力。

（三）支持农业合作社与集体经济扩展

金融支持政策在农业合作社的发展中发挥了重要作用。通过提供信贷支持和资金扶持，金融政策帮助农民合作社解决了资金周转问题，增强了其运作能力和抗风险能力。这不仅提升了合作社的生产规模和经营效益，还推动了集体经济的多元化发展，为农村经济的持续增长和农民收入的提高提供了稳定的金融支持。

六、人才引进与培训政策的推动作用

（一）提升农民技术水平与管理能力

通过多样化的培训项目，提升了彭州农民的现代农业技术水平和经营管理能力。这些培训课程覆盖了农业生产技术、市场营销、农业管理等多个领域，帮助农

民掌握新技术和管理理念，提升了他们的生产效率和经营能力。通过技术创新，农民能够更好地适应现代农业的需求，推动了农村集体经济的转型和升级。

（二）推动农业科技创新与产业升级

对农村人才的引进和培养，不仅仅是提高农民的技能水平，也推动了农业科技创新。引进的农业科技人才和专业技术人员为农村集体经济注入了新动能，通过科技创新改善农业生产方式，推动了高效、环保的农业模式。这一政策支持了农业与现代科技的深度融合，推动了集体经济的产业升级，并提高了农业生产的附加值。

（三）促进农村集体经济可持续发展

人才引进与培训政策的实施，有助于促进农村集体经济的可持续发展。通过为农民提供多元化的知识与技能培训，使农民能够更好地适应变化的市场环境。同时，这些政策帮助农村集体经济从传统农业模式向更现代化、更生态化的方向发展，为集体经济的长期增长奠定了基础，并增强了其应对未来挑战的能力。

七、环境保护政策对农业可持续发展的影响

（一）推动绿色农业技术的应用

彭州市出台的环境保护政策有效推动了绿色农业技术的广泛应用。通过鼓励农民采用有机种植、生态养殖等方式，帮助农业生产向低碳、环保、可持续的方向转型。这些绿色技术不仅减少了化学肥料和农药的使用，还提高了土壤和水源的生态质量，从而实现了农业生产的绿色发展。这一政策促进了农业生产方式的变革，提高了农产品的附加值和市场竞争力。

（二）提升农产品质量与市场竞争力

环境保护政策推动了农产品质量的提升。通过严格的环保标准和绿色认证体系，彭州的农业产品得以更好地进入有机食品市场，满足消费者对食品安全和环境友好型产品的需求。这不仅提升了本地农产品的市场竞争力，还促进了高品质绿色农业的发展，增加了农民的收入并增强了集体经济的市场影响力。

（三）确保农业生产的可持续性

通过实施环境保护政策，彭州市加强了生态环境的保护，从根本上确保了农业生产的可持续性。政策的实施减少了对环境的污染，避免了过度开发对土地和水资源的消耗，保障了农业生产的长久发展。绿色农业和生态农业的发展有助于提高农业的资源利用效率，并推动了生态农业经济模式的形成，为农村集体经济的长期稳定增长提供了有力支持。

第三节　彭州农村集体经济发展的外部环境分析

市场需求变化促进了高品质农产品的消费需求，推动了农村经济的发展。国家政策的支持，如乡村振兴、土地流转及农业补贴政策，为集体经济注入了活力。此外，技术创新不断推动农业现代化，提高了生产效率。环保政策的推行要求农村经济向可持续发展转型，促使绿色农业和生态农业发展。社会文化变迁亦对集体经济产生深远影响，带来了新的产业机会和挑战。

一、市场需求变化

（一）消费升级带来的需求变化

随着彭州农村居民生活水平的提高，市场对农产品的需求逐渐从单一的传统农业产品向更高品质、多样化的需求转变。消费者对有机、绿色、无公害等高品质农产品的关注日益增加，这为彭州农村集体经济发展提供了新的发展机会。农民在满足市场需求的同时，提高了产品附加值，进而推动了集体经济的增长。

（二）农村居民收入水平的提升

随着经济发展和社会进步，彭州农村居民的收入水平逐渐提高，这直接促进了消费者的购买力[①]。在此背景下，农村居民更加注重农产品的质量与健康价值，特别是对绿色有机食品的需求增长。农民可以通过提高产品质量，吸引更多的消费者，从而增加集体经济的收入来源。

（三）电商平台的发展

农村电商平台的蓬勃发展，使得彭州的农产品能够进入更广阔的市场，打破了传统销售渠道的局限性。农民可以直接面向全国乃至全球消费者销售农产品，这不仅拓展了市场，增加了销售量，也为集体经济注入了新的活力。同时，电商的发展也促进了农产品品牌的建设，提高了产品的市场竞争力。

（四）农产品多元化发展

市场需求的多样化推动了农产品的多元化发展，彭州农村集体经济不再局限于传统的农业生产，而是逐步发展出如乡村旅游、农产品加工等多元化产业。这些产业不仅拓宽了农民的收入渠道，还提高了集体经济的抗风险能力。借助市场需求的变化，彭州农村集体经济能够在多个领域实现跨越式发展。

二、政策支持力度

（一）乡村振兴战略的引导作用

乡村振兴战略为彭州农村集体经济提供了强有力的政策支持。通过加大对农村基础设施建设、农业现代化和产业结构调整的投资，乡村振兴战略不仅提升了农村经济的基础条件，还推动了农业与二、三产业的融合发展。政府通过这一战略推动了农村集体经济的全面发展，增强了其长期竞争力。

（二）土地流转政策的支持

土地流转政策促进了土地资源的有效配置，使得彭州农村集体经济能够通过土

① 邹国良，何玟，欧阳倩．新型农村集体经济高质量发展赋能共同富裕［J］．统计与决策，2024，40（13）：28—33.

地集中流转实现规模化经营。土地流转不仅提高了农业生产的效率，还推动了农民向合作社或农业企业集聚，为集体经济的发展提供了保障。这一政策推动了农业现代化进程，进一步提高了农村集体经济的生产效益。

（三）农业补贴政策的助力

国家的农业补贴政策为彭州农民提供了直接的经济支持。通过种植、养殖和农业技术等各类补贴，有效促进了农业生产的稳步增长。同时，补贴政策也鼓励农民积极参与集体经济建设，为彭州农村集体经济的发展提供了稳定的财政保障。

（四）税收减免与金融支持政策

通过税收减免和金融支持政策帮助彭州农村集体经济降低了运营成本，提高了整体竞争力。税收减免政策为农业合作社和农民减轻了经济负担，金融支持政策则为农业和农村企业提供了低利率贷款，解决了资金短缺的问题。这些政策帮助集体经济减轻了负担，提高了其抗风险能力，为可持续发展奠定了基础。

三、技术创新与科技进步

（一）现代农业技术的应用

彭州积极引进现代农业技术，尤其是在种植、养殖和农产品加工领域。通过应用高效节水、精准施肥、智能灌溉等技术，农业生产效率得到了显著提升。这些技术的应用降低了资源浪费和环境污染，同时增加了农产品的产量和质量，推动了农村集体经济的可持续发展。

（二）信息化技术的赋能

信息化技术的应用为彭州农村集体经济的发展提供了新的动力。通过电子商务平台、农业物联网和数据分析等手段，农民和农业企业能够更精确地了解市场需求和气候变化，从而调整生产策略。信息化技术不仅提升了农业管理的效率，还帮助彭州农村集体经济更好地连接市场，提升了市场竞争力。

（三）智能化设备的普及

智能化设备在彭州农村集体经济中的应用，如自动化收割机、无人机监测等，极大地提升了生产效率和精细化管理水平。这些智能化设备的使用减少了对人工的依赖，同时提升了农产品的品质和产量，为农村集体经济的现代化和高效发展提供了强有力的支持。

（四）科技创新与高校合作

彭州通过加强与科技企业、高等院校的合作，推动了农业技术的创新和应用。高校和科研机构提供的技术支持和人才资源，为彭州农业提供了智力支持。科技创新不仅加速了农业生产方式的转型升级，还促进了新的农业模式的诞生，从而提高了农村集体经济的整体竞争力和可持续性。

四、环境保护与生态发展要求

（一）生态农业的推广

彭州积极推动生态农业的发展，采用有机肥料、轮作制度等措施，减少化学农药和化肥的使用，以保护土壤和水源。这一举措不仅符合国家环保要求，还提高了农产品的质量和安全性，满足了市场对绿色、健康食品的需求。同时，生态农业有助于维持生态平衡，提高了农业可持续发展的潜力。

（二）绿色农业的引导

绿色农业技术的应用在彭州得到了广泛推广，包括节水灌溉技术、绿色防控技术等。这些技术帮助农民实现了低投入、高产出的目标，同时减少了对环境的负面影响。通过加强绿色农业的引导，彭州农村集体经济在保障农产品产量的同时，积极履行环境责任，推动农业向更加环保、可持续的方向发展。

（三）资源的合理利用与保护

彭州重视资源的合理利用与生态保护，推广循环农业和节能减排技术。农业生产中的废弃物被有效回收和再利用，例如农业废弃物转化为有机肥料，减少了农业生产对自然资源的依赖，促进了农业产业链的绿色转型。这不仅减少了生态环境的负担，还提升了农村集体经济的环保形象和竞争力。

（四）生态环保政策的支持

随着国家对生态环保政策的日益严格，彭州也在积极响应，出台了相应的地方性环保法规和措施，推动生态文明建设。鼓励农民和农业合作社遵守环保要求，通过政策奖励、补贴等形式，引导农村集体经济向生态环保方向发展。这些政策有效促使农业生产逐步向绿色、低碳、可持续发展转型，同时为农村集体经济带来了新的发展机遇。

五、社会文化变迁

（一）年轻劳动力流失与劳动力短缺

随着城市化进程的推进，彭州的年轻劳动力大量流向城市，导致农村劳动力不足。劳动力短缺使得农村集体经济在某些领域面临着人力资源的紧张，尤其是在传统农业生产环节。为了应对这一问题，彭州需要采取措施吸引年轻人留在农村或鼓励外出务工后返乡创业，从而保障农村经济的可持续发展。

（二）农民价值观的变化

随着教育水平的提高和信息的流通，彭州农村居民的价值观和生活方式发生了显著变化。越来越多的农民不再单纯依赖传统农业生产，他们开始关注职业技能的提升和多元化就业机会。这一变化为农村集体经济提供了新的发展动力，农民参与乡村旅游、农产品加工等非农业产业的积极性大大提高。

（三）教育与技能提升的需求

随着农村居民对教育和技能提升的重视，彭州开始加大对农民教育和培训的投入，培养一批具有现代农业技术和管理能力的农村人才。这不仅提升了农民的整体素质，还促进了农村集体经济的技术创新和产业升级。教育和技能提升的趋势为彭州农村集体经济的转型发展奠定了坚实基础。

（四）乡村产业的多元化发展

由于社会文化的变迁，彭州农村集体经济呈现出产业多元化的趋势。乡村旅游、农产品加工、电商等新兴产业成为农民增收的重要途径。这些产业的兴起不仅为农民提供了更多的就业机会，还促进了农村集体经济结构的优化和升级。

第四节 未来政策导向对彭州的影响

随着乡村振兴政策的深化，农业现代化和城乡融合发展将得到进一步推动。与此同时，绿色发展和环境保护政策的强化将引导彭州发展生态农业，实现可持续发展目标。此外，数字乡村建设政策的推广将促进智慧农业和农村电商的发展，提升集体经济的科技含量。国家在城乡融合方面的持续支持，将为彭州集体经济注入新的发展动力。人才培养和返乡创业政策的完善，也将为彭州提供更多发展机遇。

一、乡村振兴政策的持续深化

乡村振兴政策的持续深化为彭州农村集体经济提供了强有力的政策保障。在未来的发展中，农业现代化将成为政策支持的重点方向。通过完善农村土地流转机制，推动土地资源的合理配置，彭州能够进一步实现农业规模化和集约化经营。同时，还将加大对农业机械化推广的支持力度，为农户和农业合作社提供更多技术和设备上的支持，从而提高农业生产效率和收益。随着城乡基础设施建设的全面推进，农村的交通网络、物流体系和数字化设施将更加完善。这不仅改善了农村的生活环境，还为农产品的流通和市场对接提供了便捷条件。城乡之间资源的合理流动和配置，也有助于缩小城乡发展差距，增强农村经济的竞争力和可持续发展能力。

彭州未来在乡村振兴政策的指导下，将加大对有机农业和生态种植技术的推广力度，优化农业生产方式。这不仅有助于提升农产品的质量和附加值，也对农村生态环境的保护起到了重要作用。通过发展绿色农业，彭州能够打造具有地域特色的生态品牌，提高其在市场中的竞争力。人才引进和创新创业是乡村振兴政策中的重要内容，也是彭州未来发展的重要推动力。在政策的支持下，彭州将吸引更多优秀人才回流乡村，同时通过多样化的培训项目提升农民的技术和管理能力。这将为农村集体经济注入新活力，并促进农业与旅游、加工等二、三产业的深度融合，为实现乡村经济的高质量发展提供坚实保障。

二、绿色发展与环境保护政策的强化

未来，随着国家对生态环境保护的持续重视，绿色发展政策将进一步加强。彭州的农村集体经济将面临更多关于环保和可持续发展的政策要求，推动生态农业和绿色农业的转型。这将促使彭州发展符合环保标准的农业生产模式，促进农产品从传统的高资源消耗型向低碳、低污染、绿色环保型的转型。通过加大对绿色农业技术的支持，彭州可以提升农业生产的可持续性，同时为集体经济注入新的动力。政策的加强不仅意味着环保要求的提升，还为彭州农业发展提供了新机遇。绿色农业与生态农业的推广将有效减少资源消耗，提升土壤质量，减少对水资源的依赖，从而实现资源的循环利用和可持续发展。通过推行生态农业、循环农业等绿色经济模式，彭州能够有效降低农业生产对环境的负面影响，提高农田的生态功能，并为农民带来更多的收益。此外，绿色农业不仅符合国家政策导向，也更符合现代消费者对于环保和食品安全的需求，有助于彭州农产品在市场中占据更有利的位置。

在推进绿色发展的过程中，彭州还可以加强农村环境保护基础设施建设。例如，推进农业废弃物的资源化利用、农药化肥的绿色替代等举措，这些不仅有助于减少农村的污染，也能够通过循环经济模式提升农民的收入水平。此外，彭州还可以积极参与环保项目，争取更多的政策支持和资金投入，推动绿色农业的快速发展。未来的环境保护政策将要求农村集体经济在追求经济效益的同时，充分考虑生态效益和社会效益。通过实施更严格的环保措施和政策，彭州农村集体经济将在促进农业现代化的同时，实现经济与环境的双赢，确保可持续发展的路径得以顺利推进。

三、数字乡村建设政策的推广

在国家大力推动数字经济和智慧农业的背景下，数字乡村建设将成为未来发展的重要方向。随着政策支持的持续加大，彭州有望借助数字化手段推动农业现代化和农村经济的转型升级。进一步推动智能化农业设备的引进与应用，促进农村电商平台的建设与发展，从而提升集体经济的科技水平和市场竞争力。数字乡村建设政策的推广，将为彭州带来全新的发展机遇。数字技术将有助于推动农业生产方式的智能化和信息化。通过引进物联网、无人机、智能灌溉等智能化农业设备，彭州的农民可以更加高效地管理农业生产，提高土地使用效率。数字化农业技术能够精确监控土壤质量、气候变化等环境因素，为农民提供实时的种植和养殖建议，从而帮助他们作出科学决策，提高农业生产效益。

农村电商平台的普及将使彭州的农产品能够直接进入更广阔的市场，打破传统流通渠道的限制。政策支持将促进电商平台与农户之间的对接，推动农产品线上销售和物流系统的完善。这不仅帮助农民扩大销售渠道，还提升了农产品的附加值。农村电商的快速发展，将为彭州集体经济注入新的活力，创造更多的经济增长点。通过数据分析，彭州可以更加精准地预测市场需求，调整生产结构，合理安排农业资源。同时，农业生产过程中的数据化管理将提升农民的生产效率与管理能力，帮助农业合作社与农企提高决策水平，减少资源浪费，降低成本。通过引导和扶持将加速数字技术的推广与应用，帮助彭州的农村集体经济实现技术创新与转型升级。数字乡村建设政策不仅推动了农业生产的智能化、信息化，还为彭州的农村经济注入了创新动力。资金支持和技术引导，将促进农业和农村企业的数字化转型，进一步推动彭州集体经济的可持续发展。同时，这一政策还将改善农村居民的生活质量，推动农村基础设施的数字化建设，提升乡村的整体现代化水平。

四、城乡融合发展的政策支持

随着国家对城乡融合发展战略的持续推进，彭州将迎来更加有利的政策环境。这一政策的实施，将有效促进城乡之间资源的互通互补，推动农村经济的发展与城市经济的协同发展。在未来的政策导向下，彭州有望借助这一战略，进一步整合城乡资源，推动乡村旅游、特色产业等新兴业态的发展，从而促进集体经济的转型升级。城乡融合政策的推动，将为彭州带来更多的资源和资金支持。通过加强城乡之间的联系，彭州可以有效整合城市的资本、技术和人才，推动乡村旅游、农产品加工、绿色农业等特色产业的快速发展。城市资本的流入，不仅能够带动农业产业升级，还能为农村集体经济提供更多的融资渠道，帮助当地企业和合作社扩大规模、提高竞争力。此外，城市的人才流入将为彭州带来更多的创新思维和技术支持，进一步推动乡村经济的多元化发展。

城乡融合发展政策的实施，将缩小城乡差距，提升农村地区的基础设施建设。随着政策的推动，彭州的交通、教育、医疗等基础设施将得到进一步改善，为农村居民提供更好的生活条件。尤其是在交通运输方面，政策将促进城市与乡村的交通互联互通，提升物流效率，缩短城乡间的物资流通时间，推动农产品的快速流通，进而提高集体经济的收入来源。同时，城乡融合还将促进农村居民生活水平的提高，增强农村消费市场的活力，为集体经济的增长提供内需支持。城乡融合发展政策还将推动彭州的农业产业链条延伸与融合发展。通过城乡资源的互补，彭州的农业产业将逐渐向服务业延伸，乡村旅游和休闲农业将成为新的经济增长点。结合当地的自然资源和人文景观，彭州可以发展具有地方特色的乡村旅游业，吸引城市居民前来观光、度假、体验农事活动等，推动农村经济的多元化和集体经济的创新转型。同时，在这方面的政策引导和资金扶持，将为乡村旅游和特色产业的开展提供更加有力的支持。

五、人才培养与返乡创业政策的完善

未来，国家将进一步完善吸引人才返乡创业和加强农村技能培训的相关政策。彭州在此背景下可以通过政策支持，积极引导外出务工人员返乡创业，并为农村培养一支高素质的人才队伍，从而为集体经济的发展注入源源不断的活力。吸引外出务工人员返乡创业政策将为彭州农村经济发展带来新的动力。随着外出务工人员积累了一定的资本、技术和管理经验，他们返乡创业将推动地方经济结构的调整和产业的转型升级。通过提供政策支持和创业补贴，鼓励返乡人员将其在城市获得的知识和经验带回农村。这不仅有助于提升农村的创新能力，还能为农村集体经济注入新的商业模式和经营理念，推动乡村经济的多元化发展。彭州可以通过设立专门的返乡创业基金，鼓励外出务工人员创办农产品加工厂、乡村旅游企业等，为集体经济增添新的增长点。

通过加强农村技能培训，提高农民的技术水平，将为农村集体经济的发展提供强有力的支持。随着农业现代化的不断推进，彭州的农民需要掌握更多的现代农业技术和管理知识。通过组织技术培训、提供专业教育等手段，帮助农民提升种植、养殖等方面的技术水平，从而提高农业生产效率和农产品质量。通过实施针对性强的技能培训，彭州将能够培养出一批懂技术、会管理、能创新的农村人才，推动集体经济的健康发展。此外，还可以推动农业与新兴产业的融合，提供综合性培训课程，帮助农民了解电商、乡村旅游等领域的知识，为集体经济的发展提供更多的人力资源支持。在税收、土地使用、融资等方面提供支持，降低创业者的成本，促进农村经济从传统的农业模式向服务业和产业化经济转型。彭州可以利用当地的资源优势，发展乡村旅游、农产品加工、文化创意等新型产业，为集体经济发展开辟新天地。同时，支持政策还可以通过引导社会资本流入，帮助返乡创业者获得更多的融资渠道，解决资金短缺问题，提升创业的成功率。

第五章　彭州市农村集体产权制度的改革创新

通过深入探索集体资产的合理配置与分配，增强农民的集体产权意识，改善土地资源管理模式，促进农村经济与社会的协调发展。改革措施包括加强集体产权的清晰界定，促进集体经济组织的现代化，确保农民享有公平的经济利益分享。通过创新政策和制度设计，推动农村集体产权制度的优化升级，带动乡村振兴与可持续发展。

第一节　彭州市农村集体产权制度改革历程

农村集体经济组织的产权管理较为松散，农民权益保障不足。随着政策的调整和改革的推进，彭州市逐步建立起明确的集体产权制度框架，推动了集体资产的规范化管理和分配。改革重点转向集体经济组织的现代化建设，强调土地流转、资产入股等形式，使集体经济更加高效运作，并不断通过优化政策、完善制度保障农民的利益。

一、起步阶段

在这一时期，农村集体生产资料的产权主体经历了由农户向集体过渡过程，随着农业合作化的推进，“集体”产权初步构建，为后续的集体产权制度奠定了基础。在这一时期，彭州市已经开始逐步探索适合本地实际情况的农村集体产权制度改革路径。彭州市（以及全国其他地区）的农村集体产权制度主要围绕土地产权进行改革，农民在集体土地上不断积累起自己的财产。

1. 土地确权与登记

随着家庭联产承包责任制的深入推行，彭州市已经开始进行土地承包经营权的确权与登记工作，为后续的产权制度改革奠定基础。

2. **集体资产管理与运营**

在改革前至1999年期间，彭州市已经开始关注集体资产的管理与运营问题，探索如何通过改革提高集体资产的效率和效益。

3. **政策学习与借鉴**

在这一时期，彭州市也在积极学习借鉴其他地区或国家的农村集体产权制度改革经验，为后续的改革实践提供有益的参考。

综上所述，彭州农村集体产权制度改革在改革前至1999年期间主要经历了农业合作化、人民公社化以及家庭联产承包责任制三个重要阶段。在这一时期，彭州市逐步探索适合本地实际情况的农村集体产权制度改革路径，为后续的深化改革奠定了基础。

二、探索阶段

进入新世纪，彭州市农村集体产权制度改革逐步进入探索阶段。随着改革的不断深入，着手对集体土地和资产进行更加规范化的管理。通过政策试点和地方实践，改革的重点逐渐从单一的土地承包向更广泛的产权体系延伸，试图建立适应市场经济要求的集体产权管理机制。随着土地资源的紧张和农村劳动力的转移，土地流转逐渐成为推动农村经济发展的重要手段。彭州市在部分地区试点土地使用权的规范化流转，鼓励农民通过土地流转实现资源的优化配置，同时加强对土地流转过程中的监督和管理，确保农民权益不受侵害。这一举措为农村土地利用效率的提升和集体经济的壮大提供了实践经验。

为了适应市场需求和提升集体经济的活力，股份合作形式也在这一阶段逐步引入。彭州市部分村镇开始探索通过集体资产股份化改革，将集体资产折股量化到农民个人，赋予农民股东权益。这种形式既增强了农民参与集体经济的积极性，又有效提升了集体资产的管理效率。然而，由于缺乏成熟的法律框架和经验支持，股份合作的推广仍面临较多挑战，仅在部分试点区域取得初步成效。政策的覆盖范围和执行力度有限，尚未形成统一的政策体系，导致不同地区改革进展不一。产权界定仍不够清晰，特别是在土地所有权和使用权分离的过程中，农民和集体之间的权利边界尚存争议。此外，农村集体经济组织的管理能力较弱，在面对股份合作和土地流转等新机制时，缺乏足够的经验和专业支持，制约了改革的进一步推进。

三、制度试点阶段

随后彭州市农村集体产权制度改革进入了制度试点阶段，改革力度明显加大。这一阶段的重要特征是试点工作的全面铺开，通过制定相关政策，逐步探索和完善产权制度的具体操作办法。为了推进改革，彭州市启动了一系列示范项目，试行集体资产确权、登记和分配等措施，初步建立起产权明晰的基础框架，为集体资产的管理和利用提供了制度保障。土地承包经营权的流转逐渐步入正规化管理轨道。通过完善土地流转市场机制，鼓励农民以多种形式流转土地承包经营权，从而提高土地利用效率和经济效益。与此相关的政策也日趋完善，例如对土地流转价格的监管和流转合同的规范管理。这些措施不仅推动了农村土地资源的有效配置，也为集体经济发展注入了新的活力。

在试点地区，彭州市通过股份合作的形式，将赋予农民更多的产权参与权和收益权。这种模式进一步激发了农民参与集体经济活动的积极性，使其在经济收益中能够享有更高比例的分红，从而实现了集体与个人利益的统一。然而，由于缺乏成熟的经验，股份合作的推广在一些地区仍然存在一定阻力。通过政策宣传和试点实践，农民逐渐认识到明确产权对自身利益的重要性，主动参与到集体资产确权和管理中来。这种产权意识的增强为改革的深入推进奠定了良好的群众基础，同时也使得集体经济组织的运行更加规范化和透明化。在一些地区，政策的实施效果受到影响。此外，产权界定过程中涉及的利益调整问题较为复杂，一些地区的改革推进缓慢甚至停滞。与此同时，农村集体经济组织在资产管理和分配上的能力不足，也在一定程度上限制了改革效果的全面显现。

四、深化改革阶段

深化改革阶段，彭州改革力度和广度均显著提升。在总结前期试点经验的基础上，制定了系统性的整体改革规划，为农村集体经济组织的现代化转型提供了明确的方向和政策支持。以优化产权结构和增强集体经济活力为目标，彭州市大力推动集体资产股份化改革，探索集体经济与市场经济相结合的新模式。通过将集体资产折股量化到户，彭州市逐步建立起股权化管理模式，使得集体资产的所有权和收益权得以明晰。股权化改革不仅增强了农民对集体经济的参与感和归属感，还有效提升了资产利用效率和收益分配的公平性。此外，通过出台具体政策，规范了股份分配和流转程序，确保股权改革的公开透明与合法合规。这一举措在多个乡镇取得了显著成效，为农村集体经济组织的长远发展奠定了坚实基础。

通过完善土地流转市场体系，推动农村土地资源的市场化流转，促进了土地资源的优化配置。积极引导土地流转向规模化、产业化方向发展，支持农民通过流转土地参与到现代农业和农村经济发展中来。此外，还创新性地引入土地托管和股份合作经营模式，为土地流转的规范化发展提供了新的解决方案。这一系列举措有效激活了土地资源的潜力，为农民增收和农村经济发展注入了新动力。为了保障改革的顺利推进，彭州市还着力加强集体经济组织的管理能力建设。通过建立健全集体资产管理制度，推广现代化信息管理手段，提升集体经济组织的规范化和科学化水平。搭建了农村集体经济发展的服务平台，为集体经济组织提供政策咨询、技术支持和市场信息服务，进一步推动了集体经济的可持续发展。此外，通过引入市场化运作机制，集体经济组织的经营能力和创新能力显著提升，在多元化经济发展领域取得了突破性进展。通过股份化改革和土地流转的深入推进，彭州市农村集体经济组织逐渐摆脱传统管理模式的束缚，迈向现代化和市场化发展道路。集体经济收入显著增长，农民的财产性收入明显增加，农村经济发展的质量和效益同步提升。与此同时，农村集体产权制度改革在增强农民权益保障、促进城乡统筹发展等方面也取得了积极成效，为实现共同富裕的目标奠定了坚实基础。

五、全面推进阶段

从2016年开始，彭州市农村集体产权制度改革进入了全面推进的新阶段，改革步伐显著加快。基于前期探索经验，着力构建系统性和可持续性的集体产权制度，为全面实施乡村振兴战略奠定了基础。通过进一步完善政策法规，制定了关于集体资产管理、产权登记及分配的具体规范，为集体经济组织的合法运行提供了有力保障。产权的确权、登记和分配工作全面展开，不仅明确了农民在集体经济中的利益，也有效提升了集体经济资产的透明度和管理效率。在土地流转方面，彭州市加速建立和完善土地流转市场，规范流转程序和合同管理，为农民土地经营权的流转提供了合法平台。资源共享模式的推广进一步优化了农村资源的利用效率，集体资产的潜在价值得到了充分挖掘。股份合作机制也在这一阶段全面推广，农民通过持有股份参与集体经济活动，并获得相应的收益分配，从而进一步增强了对集体经济发展的认同感和积极性。

在改革实践中，注重推动集体经济组织向现代农业合作社、农业企业等新型经济主体转型，赋予其更强的市场竞争力和经济活力。通过引入现代企业管理机制，集体经济组织在管理水平和经营效益上实现了双提升。部分地区的集体经济组织成功开展了农业产业链延伸项目和现代农业试点，推动了集体经济向高效农业、智慧农业和生态农业方向的转型升级。这种转型不仅提升了集体经济的整体效益，也为农村经济的高质量发展提供了重要动力。在政策支持下，集体经济组织广泛参与基础设施建设、农村环境治理和公共服务供给等领域，为改善农村居民生活条件和推进农村社会治理作出了积极贡献。通过实施“村企联动”战略，集体经济组织与农业龙头企业建立了密切合作关系，共同推动农业产业链延伸和价值链提升，从而进一步拓宽了农民增收渠道，增强了农村经济发展的可持续性。在改革中特别注重强化农民的主体地位，通过广泛宣传和参与机制，进一步增强农民的参与感和获得感。各类培训项目的开展，不仅提高了农民对改革政策的认知度，也提升了其参与集体经济管理和运营的能力。

第二节　彭州市农村集体产权制度改革进展

通过全面的产权确权工作，明确了集体资产的所有权和使用权，为后续改革奠定了基础。土地流转市场逐步形成，促进了土地资源的高效利用和合理配置。股份合作制的推广增强了农民的经济参与感，实现了集体经济与农民利益的双赢。与此同时，集体经济组织逐渐向现代化转型，推动了产业多元化发展。政策法规的完善确保了改革的顺利推进，保障了农民利益和集体经济的可持续发展。

一、集体产权明晰化

（一）产权调查与确权工作

彭州市开展了全面的集体资产调查和产权确权工作，深入到每个村和集体经济组织，对土地、房屋、林地等集体资产进行清查与登记。通过科学的调查方法，结合当地实际情况，确保所有集体资产的产权界定准确无误。确权过程的透明性和规范性，不仅增强了农民的产权意识，也为后续的集体资产流转和管理提供了法律依据，避免了过去因产权不明导致的纠纷和资源浪费。

（二）明确农民权益与分配机制

在产权确权的基础上，彭州市建立了农民在集体经济中的利益保障机制，确保农民的土地、房屋等资产的使用权、收益权得到合理界定。通过明确农民的产权地位，制定清晰的分配机制，让农民了解自己在集体经济中的权益，从而激发了农民的积极性和参与感。同时，集体资产的收益开始通过合理的方式分配给农民，进一步提升了农民的经济利益和获得感。

（三）为后续改革奠定基础

通过确权，集体资产的管理和使用变得更加规范，为土地流转、股份合作等一系列后续改革措施提供了可靠的产权保障。农民的产权意识逐步提高，有助于激活农村集体经济，推动集体经济组织向现代化转型。确权工作不仅解决了产权模糊的问题，也为实现资源的合理配置和集体经济的长远发展创造了条件。

二、土地流转市场建设

（一）建立土地流转平台

彭州市通过搭建土地流转平台，提供了一个信息共享和交易的中介服务平台，方便农民进行土地流转。这个平台汇集了土地租赁、转让、承包等多种流转形式的信息，农民可以根据自身需求自主选择土地流转方式。通过该平台，土地流转市场的透明度和效率得到了显著提升，有效避免了传统流转方式中的不规范操作，确保了农民的权益和土地流转的公平性。

（二）信息化管理与服务体系

为进一步提升土地流转市场的效率和透明度，彭州市积极推进信息化管理，建立了土地流转的信息化系统。这一系统不仅使土地流转信息更加公开透明，还通过大数据分析优化了土地资源的配置，减少了闲置和浪费现象。农民和相关单位可以通过互联网平台随时查询土地流转的相关信息，确保流转过程中的信息对称，增强了流转双方的信任与合作。

（三）提升土地利用效率与农业转型

土地流转市场的建设促进了土地资源的高效利用和合理配置。农民能够将闲置或低效的土地资源流转给有需求的农业经营主体或企业，从而提高土地的生产力。这一举措不仅增强了农业经营主体的规模化、集约化发展潜力，还推动了农业生产方式的转型。农民通过土地流转获得了收入增值的机会，同时也为现代农业的发展提供了资源保障，进一步促进了农业产业的升级与农村经济的持续发展。

三、股份合作制推广

（一）股份合作制的引入与实施

彭州市通过引入股份合作制，促进了集体经济组织向现代化、市场化转型。通过股份合作，农民既保留了土地的使用权，又能够通过持股参与集体经济组织的运营和收益分配。这一模式打破了传统集体经济的管理模式，让农民从被动的资源提供者转变为集体经济组织的直接受益者。这不仅激发了农民参与集体经济的积极性，还为集体经济组织注入了更多的活力与动力。

（二）提高农民的经济参与感与收益保障

股份合作制的推广使得农民的权益得到了更好保障。农民不仅能够通过土地获得收入，还可以通过股份分红获得更多的经济收益。这种模式让农民更加注重集体经济的长远发展，形成了共同增收的良好局面。此外，农民通过股权参与集体经济的经营与管理，增强了对集体经济的归属感和参与感，进一步促进了集体经济组织的稳定与持续发展。

（三）为集体经济组织的发展与产业升级提供支持

股份合作制为集体经济组织的资金筹集和产业发展提供了有力支持。农民的资金投入和持股不仅提升了集体经济的资金实力，还促进了农业产业的升级和发展。集体经济组织能够更好地进行资源整合，推动现代化农业产业链的构建。这一模式为集体经济组织的可持续发展奠定了基础，提升了其在市场竞争中的适应能力和创新能力。与此同时，农民的经济利益也得到了进一步的保障，推动了集体经济的长期健康发展。

四、集体经济组织现代化转型

（一）加强集体资产管理与治理结构完善

彭州市通过加强集体资产的管理和完善治理结构，推动集体经济组织逐步走向规范化和现代化。在此过程中，出台了一系列相关政策，明确集体资产的运营管理机制。各村镇根据实际情况设立了资产管理委员会，负责对集体资产的经营、使用和增值进行监管。同时，集体经济组织注重提升管理水平，优化资源配置，实现了集体经济管理的现代化，确保了集体资产的高效利用与增值。

（二）引入现代企业管理模式与专业化经营团队

为加速集体经济组织的转型，彭州市在部分乡镇试点引入现代企业管理模式，增强集体经济组织的市场竞争力。这些组织通过聘请专业化经营团队，提升了管理效率和运营能力。此外，现代化的财务管理、市场营销以及战略规划等制度的引入，使得集体经济能够更加适应市场经济的变化和需求。通过专业化团队的引导，集体经济组织的决策和运营逐步向科学化、系统化发展，推动了集体经济组织的高效运行。

（三）拓展产业领域推动农村经济多元化发展

集体经济组织的现代化转型不仅仅局限于传统的农业生产，还积极拓展到乡村旅游、农村电商、生态农业等新兴产业。彭州市通过创新发展模式，推动集体经济组织投资乡村旅游项目，发展特色农业产品的电商销售，增加农民的收入来源。这一转型提升了农村经济的整体水平，也为农民提供了更多就业机会和增收途径。同时，生态农业的推广和乡村旅游的开发，助力农村可持续发展，形成了集体经济发展的多元化模式。

五、政策法规的完善与保障

（一）完善产权登记与确认制度

彭州市在推进农村集体产权制度改革时，首先着力完善产权登记与确认制度。通过全面的调查和确权工作，确保了集体资产的产权清晰化。各乡镇和村委会配合相关部门，建立了详细的产权登记档案，并通过公示和确认等方式，明确了农民的权益。通过这一措施，不仅解决了过去产权不明晰、管理混乱的问题，也为集体资产的流转、运营以及利益分配提供了法律依据，保障了农民的合法权益。

（二）规范集体资产的运营与分配

在政策保障方面，彭州市进一步出台了规范集体资产运营和分配的法规，确保集体资产的合法使用和公正分配。这些政策明确规定了集体经济组织在资产运营过程中的管理方式、收益分配比例以及决策程序，严格要求集体资产的使用符合农民的利益要求。通过完善分配机制，农民能够从集体经济的增值中直接获益，同时避免了集体资产管理中可能出现的腐败和不公平现象，为改革的顺利推进提供了坚实的法律支持。

（三）强化产权流转和交易的法律保障

彭州市还特别重视产权流转和交易的法律保障，出台了相关法律文件，确保集体资产的流转和交易能够在合法合规的框架内进行。这些法律文件明确了土地流转、股份转让等操作的流程、条件及合法性，规范了集体土地、资产的流转市场。通过完善法律体系，农民的财产权益得到了保障，集体经济组织的经营模式也更加符合市场化的要求。这不仅促进了农村集体经济的发展，也为农民创造了更多的增收机会，推动了农村经济的持续健康发展。

第三节 彭州市农村集体产权制度改革成效

农民的产权意识显著提高，集体资产的明确归属保障了农民的权益，增强了他们参与集体经济的积极性。集体经济逐步实现了多元化发展，乡村旅游、农村电商等新兴产业蓬勃发展，推动了农村经济结构的优化。土地流转和集体资源的市场化管理提升了资源配置的效率。改革还加强了集体经济组织的治理结构，推动了农村经济的现代化，为乡村振兴战略的实施提供了坚实基础。

一、提高了农民的产权意识与利益保障

彭州市农村集体产权制度改革显著提高了农民的产权意识，并有效保障了他们的利益。通过明确集体资产的产权界定，农民不仅意识到自身在集体经济中的权利，还能够享有来自集体经济组织的收益分配。随着集体资产确权和权益确认工作的推进，农民对自己土地和其他资源的使用权、收益权有了更加清晰的认知，有效促进了农民参与集体经济和产权流转的积极性，为他们提供了更多的增收机会。

二、集体经济的多元化和市场化发展

彭州市的集体经济逐步从传统农业模式向多元化、市场化方向转型。通过推广股份合作制、土地流转、资源共享等举措，集体经济组织逐渐向现代企业模式发展。集体经济不仅限于农业，还扩展到了乡村旅游、农村电商、生态农业等新兴产业，推动了农村经济结构的优化和现代化发展。集体经济的多元化不仅提升了资源的利用效率，也增强了农村经济的活力和韧性。

三、集体产权流转和资源配置的效率提升

在集体产权制度改革的推动下，彭州市建立了更加规范的产权流转市场和土地流转平台，有效提高了资源配置效率。农民可以在合法合规的框架内流转土地使用权，土地的流转和资源配置实现了更加市场化、规范化的管理。这不仅提高了土地的利用效率，还促进了土地资源的集约化发展，为农村经济增长提供了新的动能。此外，集体资源的流转和市场化利用也为农民提供了更多的增收途径。

四、改善了农村集体经济组织的治理结构

彭州市在推进农村集体产权制度改革过程中，加强了集体经济组织的治理结构建设。许多集体经济组织引入了现代企业管理模式，建立了更加规范的管理体系。通过建立股份合作、股权分配、经营决策等机制，集体经济组织的决策更加透明，管理更加高效[①]。这些改进增强了集体经济组织的凝聚力和可持续发展能力，提升了集体经济的整体效益。

五、推动了乡村振兴战略的实施

彭州市通过推进农村集体产权制度改革，为乡村振兴战略的实施提供了有力支持。改革促进了农村集体经济的转型和提升，推动了农村产业结构的优化，进一步提高了农村经济的整体活力。在农村集体经济的发展基础上，乡村振兴战略的实施更加稳固，农村社会基础设施建设、文化建设等领域的持续发展也为农民的生活水平提高创造了更好的条件，推动了农村地区的综合发展。

第四节　彭州市农村集体产权制度改革创新

彭州市在农村集体产权制度改革中，积极推动创新举措，不断探索新的发展路径。首先，通过引入股份合作制模式，创新了集体经济管理方式，激发了农民的参

① 潘璐，戴小燕．发展新型农村集体经济的基层困境与现实悖论［J］．中国农业大学学报（社会科学版），2023，40（2）：39－54.

与热情。此外，数字化技术的应用优化了集体资产的管理和流转，提高了效率与透明度。集体经济的多元化发展路径也在改革中得到拓展，乡村旅游、农村电商等新兴产业的引入促进了集体经济的增长。创新的利益分配机制确保了农民的权益，推动了改革成果的共享与可持续发展。

一、创新集体资产管理模式

（一）市场化运作机制的引入

彭州市在推进农村集体产权制度改革的过程中，积极引入市场化运作机制，旨在增强集体经济的活力与市场竞争力。通过实施股份制管理，将集体资产的经营模式与市场经济接轨，使得集体经济组织不仅能够发挥传统农业优势，还能在市场中获得更多机会。这一举措标志着农村集体经济从传统的计划经济模式向市场化、现代化的转型迈进，为集体经济的可持续发展注入了新的动力。引入市场化运作机制的核心举措是将集体资产进行股份化管理。这一措施打破了过去集体资产由村集体单一管理的局限，让集体经济中的每个成员都能成为经济活动的一部分。农民不仅保留了集体土地的使用权，还可以通过持有股份的方式参与集体经济收益的分配。这种模式有效激发了农民的参与积极性，农民不再仅仅是土地的承包者，而是集体经济的“股东”，从而增强了他们对集体经济发展的关注和投入。

通过股份化管理，集体资产的增值潜力得到了更大程度挖掘。市场化运作机制要求集体经济组织更高效地利用资源，并根据市场需求调整经营策略。这不仅使得集体资产能够得到更高效利用，也使得集体经济能够根据市场变化灵活调整，实现资源的最优配置。此外，市场化运作为集体经济提供了更多的资金和技术支持，使得集体资产的增值成为可能。随着股份制的推广，彭州市的集体经济组织逐渐从传统的农业生产向多元化、现代化的经营模式发展。股份合作不仅推动了农业现代化，还扩展到乡村旅游、农村电商、生态农业等多个新兴领域，丰富了集体经济的收入来源。农民作为股东，能够分享更多的利益，不仅提升了他们的经济收益，也提升了农民对改革的认同感和参与感。这种市场化运作机制的引入，不仅增强了集体经济的活力，也提升了集体经济组织的自主性和管理能力。集体经济的管理者不再仅依赖政府和集体的直接干预，而是更多依赖市场机制的调节，进而提高了集体经济的市场适应能力和竞争力。通过股份化与市场化相结合，彭州市的集体经济发展呈现出更加多元化和市场化的特点，为农村经济的振兴和发展创造了更多机会。

（二）委托第三方公司或专业团队管理

在彭州市的农村集体产权制度改革中，部分村镇采取了委托第三方公司或专业团队管理集体资产的方式。这一创新举措解决了传统集体资产管理模式中普遍存在的管理效率低、专业性不足等问题。通过引入具有专业背景和丰富经验的团队，集体资产的经营管理实现了从粗放型向精细化、专业化的转变，确保了集体资源的高效配置与利用。委托第三方公司或专业团队管理集体资产的核心优势在于专业化管理。第三方公司或专业团队通常具备更加丰富的行业经验和管理技能，能够对集体资产进行科学化、系统化的经营管理。相较于传统的集体经济组织自主管理，专业团队能够为集体资产的运营提供更精细化的管理方案，从资源配置到生产经营，都能依据市场需求和专业知识做出合理决策。这种管理方式不仅优化了集体资产的运营效率，还提升了资源的使用价值，为集体经济创造了更多的经济效益。

通过引入第三方管理，集体资产的经营逐步实现了专业化和市场化。第三方公司或专业团队不仅拥有更强的市场敏锐度和技术能力，还能及时把握市场动态和发展趋势，推动集体资产的有效利用。这种外部专业力量的参与，不仅提高了集体经济的运营水平，还为集体经济组织带来了更多的创新思路。例如，在一些村镇，第三方团队通过引入现代农业技术或开展乡村旅游等多元化经营，带动了集体资产的增值，并成功推动了农村经济的结构升级。委托管理的另一个重要成果是推动了集体资源的高效配置和优化使用。在传统管理模式下，集体资源的配置往往存在资源浪费和低效利用的问题，而通过第三方公司的管理，集体资产得到了更加精细规划和合理配置。无论是土地、房屋还是其他资源，都可以通过科学评估和规划，实现资源的最大化利用。这种专业化的管理方式，不仅提高了集体资源的产出效率，还帮助农民实现了更多的收入来源。通过专业的管理团队，集体资产的运营状况更加公开透明，农民可以通过定期的财务报告和审计了解集体经济的运营情况。这种管理模式增强了农民对集体经济的信任感和参与感，为集体经济的可持续发展奠定了更加坚实的基础。

（三）提高资源使用效率与收益水平

通过引入市场化运作机制和委托第三方公司或专业团队管理，集体资产能够更加高效、灵活地配置和利用。这一变革有效解决了过去农村集体经济中普遍存在的资源浪费和低效管理问题，为农村经济的可持续发展提供了动力。市场化运作机制的引入，使得集体资产的管理方式不再局限于传统的粗放型管理模式。通过实施股份制和市场化管理，集体资产的经营与分配更加符合市场经济的规律。农民不仅能够通过土地、资源持股获得股息分红，还能够参与到集体经济的发展决策中。这种市场化的管理模式增强了集体经济的市场适应能力，也提升了集体资产的增值潜力。市场化运作为集体资产的管理提供了更加科学的路径，有效避免了资源的闲置和浪费，提高了资产的回报率。

委托第三方公司或专业团队管理集体资产，使得集体资源的运营和管理更具专业性和效率。这些专业化的管理团队通常具备行业经验和技术优势，能够为集体经济提供科学的管理方案。例如，通过引入先进的农业技术、优化土地资源的使用，提升了农业生产的产值和效益。同时，第三方团队还能根据市场需求及时调整经营策略，推动集体经济向多元化方向发展，形成多个收入来源。这种管理模式有效提高了集体资产的运营效益，为农民带来了更多的收入机会。以农村电商、乡村旅游、生态农业等新兴产业为例，彭州市通过引导集体经济组织发展这些产业，带动了集体资产的增值与产业升级。例如，部分村镇通过发展乡村旅游、生态农业等新兴产业，不仅为农民提供了稳定的收入来源，还推动了农村经济结构的优化。这些产业不仅提高了集体经济的抗风险能力，也促进了农民收入的增加。集体资产的高效管理和增值，不仅增强了集体经济的可持续发展能力，还促进了农村经济的繁荣。随着集体经济的收益水平提高，农村居民的收入逐渐增加，生活水平得到改善，农村基础设施建设和公共服务也得到了加强。集体经济的增值效益反向推动了农民的参与积极性，形成了良性的循环，进一步促进了农村社会的和谐发展。

二、推进数字化改革

（一）建立集体资产信息平台

彭州市成功建立了集体资产信息平台，将集体资产管理的各项工作数字化。这一信息平台涵盖了集体资产的确认、流转、分配等多个环节，实现了对集体资产全过程的实时监控和管理。数字化的手段使得各类信息得到了集中存储和管理，大大提高了信息处理的效率，避免了过去传统手工操作中可能出现的错误和滞后。集体资产信息平台集成了大量的数据，确保了资产管理的规范化与透明化。通过平台，政府和农民能够及时获取与集体资产相关的各类信息，包括土地、房屋、林地等集体资产的权属状况、流转信息以及收益分配等。这不仅使得集体资产的管理更加科学和高效，也提高了信息的透明度，确保了相关权益方能够清楚了解自身的利益分配情况，从而增强了农民的参与感和获得感。

过去，许多农村地区的集体资产管理依赖人工操作，信息更新不及时，且容易出现错误。而通过数字化平台，集体资产的各类信息可以实时更新，确保了信息的准确性和可靠性。无论是土地承包、产权确认，还是资产流转、分配等环节，都能够通过平台快速完成，确保了相关数据的同步更新和即时反馈。这一数字化管理方式不仅提高了工作效率，也为农民提供了更加便捷的服务。传统管理模式下，由于信息传播不及时、更新滞后，容易导致部分农民对集体资产的管理产生疑问，甚至引发纠纷。而数字化平台通过信息系统的联动，使得资产的流转、确认、分配等各项工作能够实时跟踪、监控，确保了信息的公开透明，减少了因信息不对称带来的矛盾和问题。这种信息化的管理方式使得集体产权制度的改革能够在更高效、更加规范的环境中进行，推动了农村集体经济的健康发展。通过信息平台，彭州市的集体资产管理实现了从传统管理方式到现代数字化管理模式的转型。这不仅提升了集体资产管理的效率，还增强了政府与农民之间的信任，推动了集体产权制度改革的顺利进行。随着平台的不断完善和数据的不断积累，未来集体资产的信息化管理将更加精细化、智能化，为农村集体经济的长远发展打下坚实基础。

（二）提高工作效率与管理透明度

数字化平台的引入使得彭州市集体资产管理的工作效率得到了显著提升。通过信息化技术，过去依赖人工操作的烦琐流程得以简化，集体资产的各类管理环节得以快速处理与查询。具体来说，从资产确认、流转到收益分配等过程，都可以通过平台实现快速登记、实时查询，减少了手工处理带来的时间延误和管理中的人为错误。这不仅大大提高了工作效率，也让管理流程更加规范和精确。过去，农民往往难以了解集体资产的具体管理情况和自身权益的分配，而信息化平台的建立改变了这一局面。农民可以通过平台随时查阅自己所拥有的土地、房屋等集体资产的权属情况，了解集体经济组织的财务状况以及收益分配的具体信息。这种公开和透明的管理方式，消除了过去由于信息不对称而产生的疑虑与不信任，增强了农民对集体经济管理的信任与支持。

通过这一数字化管理平台，集体资产的所有权、使用权和流转情况得以准确记录，且信息实时更新，避免了信息滞后的问题。农民不仅能够通过平台查询到自己的土地承包情况，还可以随时了解土地流转的进展和分配结果，确保了信息的即时性和准确性。信息公开透明，不仅让农民对集体资产的管理有了更多了解，也促使集体经济管理更加规范化、制度化，进一步提升了农民的参与感和满意度。与此同时，数字化平台的运行减少了集体经济管理中的行政成本。信息的传递与处理依赖于人工，容易出现信息滞后、沟通不畅等问题。而信息化平台将这些环节进行数字化和自动化处理，提高了数据流转的速度和准确性，极大地缩短了信息反馈的周期。这种高效的管理方式不仅提高了政府工作的行政效率，也减少了村镇在集体资产管理上的人力投入，节省了大量的管理成本。集体资产的数字化管理方式实现了从传统管理模式到现代化、智能化管理模式的转变，使得集体经济的管理更加透明、高效。在这样的管理模式下，集体经济组织与农民之间的信任关系得到了显著增强，农民对改革的支持和参与度也不断提升。

（三）推动信息化与集体经济深度融合

彭州市通过信息平台的建设，成功推动了信息化与集体经济的深度融合。这一信息平台不仅是集体资产管理的工具，更成为农民与集体经济互动的重要桥梁。平台让农民能够实时了解土地流转情况、集体经济的运营动态以及参与的机会，打破了信息不对称的局面，增强了农民对集体经济管理的信任和支持。通过这一数字化工具，农民可以随时查阅到与自身利益相关的所有信息，从土地流转到收益分配，无论是管理者还是农民都能够清楚了解集体经济的各项情况。农民不仅能够获得关于土地使用和集体经济运营的详细信息，还能够参与到集体经济决策中来。平台使农民有了更多表达意见的渠道，能够在集体经济组织中直接参与到重大决策的讨论和投票过程中。这种方式极大提升了农民的参与感和获得感，让他们在集体经济发展的过程中拥有了更多的发言权，进一步激发了他们参与集体经济活动的积极性。农民通过平台了解集体经济的收益情况，并能根据持股比例或参与度，实时看到自己的收益分配情况，从而更好地调动他们的生产积极性和参与热情。

信息平台的应用不仅促进了集体经济的透明化管理，还为集体经济的创新与发展提供了新的动力。数字化手段使得集体经济组织的各项管理流程得以高效处理，信息的流转速度和透明度提升。农民通过平台不仅能够了解集体经济的运营情况，还能够为集体经济的未来发展提供宝贵的意见和建议。平台的反馈机制也使得农民的声音能够被及时听到，从而在决策过程中形成更加民主、公正的决策体系。平台的建立为农民与集体经济组织之间搭建了一个更加紧密的联系，推动了集体经济向更加市场化、民主化的方向发展。通过信息化手段，农民不仅能够更加直接地参与到集体经济的发展中来，还能在集体经济的管理和决策过程中发挥更大的作用。

三、拓展集体经济多元化发展路径

（一）发展乡村旅游和生态农业

彭州市在推动农村经济发展中，积极发展乡村旅游和生态农业，充分发挥当地自然资源和文化优势。通过乡村旅游项目的打造，彭州市不仅吸引了大量游客，也推动了本地经济的增长。集体经济组织通过精心设计和组织乡村旅游线路和活动，促进了农村的旅游资源开发，带动了餐饮、住宿、交通等行业的发展。此外，通过农产品的推介和销售，乡村旅游也成为农民增收的新途径。乡村旅游的兴起，使得农民不仅可以通过传统的农业收入，还能从旅游业中获得额外的经济收益，进一步提高了收入水平。通过推广生态农业的理念和技术，彭州市的集体经济组织鼓励农民采用绿色生产方式，生产无污染的农产品。生态农业不仅改善了农业生产的环境，还提高了农产品的市场竞争力，尤其是在环保意识日益增强的消费市场中，生态农产品的需求大幅上升。集体经济组织为农民提供了技术支持和市场对接，推动了生态农业产业的快速发展。农民不仅能够获得稳定的农业收入，还能通过参加农业旅游活动和农产品展销，开拓了更广阔的市场和更多的收入来源。

彭州市的乡村旅游和生态农业发展还创造了大量的就业机会，尤其是在旅游服务和生态农业的相关领域，带动了劳动力的转移和就业岗位的增加。许多农民通过参与乡村旅游的接待服务、景点管理等工作，不仅改善了家庭经济状况，还提升了自身的职业技能。在生态农业方面，一些农民通过学习新的农业技术，成为生态农业的推广者和技术服务人员。这些新就业岗位有效缓解了农村劳动力的过剩问题，为农民提供了更多的收入渠道和稳定的工作机会，促进了农村经济的全面提升。随着乡村旅游和生态农业的蓬勃发展，彭州市的农村经济呈现出多元化发展的趋势。集体经济组织通过结合旅游和农业资源，形成了产业融合的新局面。乡村旅游不仅带动了农产品的消费，也促进了文化、艺术等相关产业的发展。而生态农业的推广，则为乡村旅游提供了绿色、健康的主题内容，吸引了更多关注生态环境和健康生活的游客。这种相互促进、共同发展的模式，不仅提升了彭州市农村经济的整体效益，也为农民创造了更多的财富和机遇，实现了经济、社会、文化的全面发展。

（二）发展农村电商平台

彭州市在推动农村经济发展过程中，积极发展农村电商平台，拓宽了农民的销售渠道。随着互联网技术的普及，农村电商逐渐成为推动农产品销售和促进农村经济发展的重要途径。彭州市的集体经济组织为农民提供了一个便捷的销售渠道，使得农民能够直接与消费者对接，减少了传统销售模式中的中间环节。这一改变不仅提升了农产品的市场竞争力，还有效解决了农产品销售难的问题，帮助农民将优质的本地农产品带到更广阔的市场。此外，彭州市通过政策支持和资金投入，积极鼓励农民参与电商平台的运营。提供了电商培训课程，帮助农民掌握电商运营的基本技巧，如商品上架、订单管理、客户服务等。通过系统的培训，农民不仅学会了如何使用电商平台，还能提升了其电商经营能力。技术支持也是推动电商发展的关键一环，为农民提供了免费的技术咨询和电商平台的使用指导，确保了农民能够顺利开展电商业务。通过这些支持，越来越多的农民不仅能够在电商平台上进行农产品销售，还能够通过线上渠道获得更多的订单，增加收入。

农村电商的蓬勃发展使得农民能够在不离开家门的情况下，拓展市场并提升收入。过去，农民依赖于传统的集市和经销商进行销售，往往受到地理位置和市场需求限制，难以获取高利润。农民直接面向广泛的消费者群体，能够自主定价并掌控产品销售的全过程。这种直销模式不仅让农民获得了更高的收益，还减少了产品在流通过程中的损耗。同时，随着平台的扩大和市场的扩大，农民能够根据市场需求调整生产计划，从而更加灵活地适应市场变化，提高了农业生产的精准性和效益。随着电商平台的普及，许多农民开始注重产品包装、品牌建设以及线上营销策略，这为本地农产品提供了更多的附加值。通过与电商平台的深度合作，彭州市的一些特色农产品逐渐形成了品牌效应，赢得了消费者的认可和信任。这不仅提升了农产品的市场价值，也为当地农业产业的多元化发展创造了条件。农村电商为彭州市的农民带来了更多的就业机会，尤其是在电商运营、物流配送等相关领域，推动了农村劳动力的多元化就业。

（三）促进产业融合与创新

彭州市在推动集体经济发展的过程中，积极鼓励产业融合与创新，以开辟新的发展路径并提升集体经济的综合竞争力。产业融合不仅提升了集体经济的多样性，还增强了其应对市场变化的能力。通过将传统农业与现代产业如旅游、电商、文化产业等相结合，彭州市成功地打造了一系列具有地域特色产业集群。这种跨领域合作打破了原有产业之间的界限，使各类资源得到了最大程度优化和整合，形成了一个多元化的经济体系。通过产业融合，彭州市不仅为集体经济提供了新的盈利渠道，也显著提高了集体经济的抗风险能力。在传统的农业经济模式中，农民和集体经济组织容易受到自然灾害、市场价格波动等外部因素的影响，而多元化的产业结构使得集体经济能够从多个领域获得收入来源。一旦某一领域面临挑战，其他领域的经济表现可以有效地弥补损失，从而增强了集体经济的稳定性和可持续发展能力。这一策略使集体经济组织不再局限于单一的农业生产，而是通过发展相关产业，提高了综合收入，增强了市场适应能力。

彭州市还通过推动文化产业与农业、旅游的融合，提升了本地文化和旅游资源的附加值。结合乡村特色文化，部分村镇依托自然景观和历史文化资源，开发了乡村旅游、民宿、文化节庆等项目，吸引了大量游客的参与。这不仅丰富了农民的收入来源，也提升了当地的知名度和影响力。通过将农业生产与乡村旅游结合，农民在参与农田管理的同时，也可以通过开设民宿、提供当地特色农产品等方式获得收入，这种创新的模式促进了本地农业与旅游产业的协同发展，推动了经济增长和社会发展。在电商领域的创新也为彭州市的集体经济注入了新活力。通过将农业生产与电商平台连接，农民能够直接将特色农产品销往更广泛的市场，减少了中间商环节，增加了农民的收入。彭州市的农民不仅能够拓展销售渠道，还能够借助平台的流量优势与市场营销手段，提升产品的知名度和竞争力。同时，集体经济组织还可以通过平台分析消费者需求和市场趋势，调整生产策略，确保农产品的精准营销，提高市场占有率。

四、创新利益分配机制

（一）股份合作制的实施与激励机制

彭州市在推动集体经济改革过程中，创新性地实施了股份合作制，通过将农民的土地使用权转化为股份，赋予了农民在集体经济中的参与权和收益权。这一举措有效调动了农民的积极性，激励他们主动参与到集体经济的经营和发展中去，既提升了农民的经济收益，也增强了他们对集体经济的归属感。这种股份合作制模式打破了传统集体经济的管理方式，使农民的经济利益与集体经济的整体发展紧密联系在一起。农民不再仅仅是土地的使用者，更是集体经济组织的“股东”。通过持股，农民可以享受集体经济发展的红利，从而获得更多的经济回报。集体经济的盈利与农民的股份收入直接挂钩，这种利益绑定的机制使得农民更加关注集体经济的长期发展。农民不仅有了稳定的经济收入来源，还能通过参与集体决策和管理，提升其对集体经济的认同感和责任感。这种制度创新将农民从传统的土地所有者转变为现代集体经济的积极参与者，激发了农民参与集体经济建设的动力。

集体经济组织能够在管理上实现更多的市场化运作。农民通过股份的持有可以参与到集体经济的经营管理中，既能分享集体经济带来的收益，也能通过集体的经济发展获得更多的资源支持。随着集体经济逐渐走向市场化，农民通过股份合作，不仅能够参与到资源的管理和配置中，还能通过投票等方式，直接影响集体经济的决策。这种利益与责任的双重绑定，有效增强了集体经济组织的凝聚力和集体主义精神。此外，股份合作制的实施还促进了集体经济的可持续发展。集体经济能够吸引更多的投资和资源进入，推动集体经济走向更加多元化和市场化的发展路径。农民通过集体经济获得的股份，也能够激励他们不断提升自身的生产和经营能力，从而为集体经济的长期稳定和发展提供源源不断的动力。集体经济组织也通过这种激励机制，提高了管理的效率和透明度，确保了集体经济的良性运转。

（二）保障弱势群体的利益

在彭州市的农村集体产权制度改革过程中，保障弱势群体的利益成为改革的核心目标。特别是对于那些经济困难或处于贫困状态的农民，通过多项措施确保他们能够分享到改革的成果，进一步促进了社会的公平与和谐。彭州市意识到，单纯的经济增长不能够解决所有问题，只有让每一位农民，尤其是弱势群体，真正从改革中受益，才能实现全面的乡村振兴。首先通过设立扶贫基金，为经济困难家庭提供资金支持。这些基金主要用于支持弱势群体参与到集体经济项目中，不仅帮助他们解决了资金困难，还为他们创造了更多的就业机会和收入来源。弱势群体得以在集体经济中找到自己的位置，参与到土地流转、产业发展等各类项目中，从而增加了他们的经济收入。扶贫基金还通过设立专项补助，帮助贫困农民在改革过程中减少经济压力，提高他们的生活水平。

除了扶贫基金，彭州市还在集体经济资源分配中设定了优先原则，特别照顾弱势群体的利益。在集体资产的股份分配、收益分配等方面，优先考虑贫困农民的需求，确保他们能够优先享受集体经济的发展红利。例如，改革中的股份分配方案考虑到贫困农民的特殊困难，给予他们更多的股份，从而让他们能够分享更多的经济收益。此外，在集体经济组织的管理中，弱势群体也得到了更多参与机会。通过设置特定的政策和机制，弱势群体能够积极参与到集体经济的管理决策中，提高了他们的参与感和归属感。通过这一系列措施，彭州市有效保障了弱势群体的利益，不仅帮助他们提高了收入，还增强了他们的社会认同感和自信心。这些措施在推动社会公平、促进农村社会的稳定方面发挥了积极作用，也为其他地区提供了可借鉴的经验。弱势群体的收入水平和生活质量得到了显著改善，进一步促进了社会的和谐与稳定。通过改革，彭州市不仅实现了集体经济的蓬勃发展，还提升了整个社会的凝聚力，推动了乡村振兴的全面实施。

（三）利益分配的透明与公平性

为了确保集体经济资源的合理分配，制定了一系列具体措施，确保每一位农民的利益都能够得到公正的保障。彭州市通过建立和完善利益分配机制，力求实现集体经济收益的公平、透明分配，推动了农村社会的稳定与和谐。彭州市实施了严格的集体资产审计制度，确保所有集体资产的运营和资金使用情况都能够公开透明地进行管理。定期审计不仅能够及时发现集体资产运营中的问题，还能够对资金的流向和使用情况进行有效监督，杜绝了资源浪费和腐败行为的发生。农民能够清晰了解集体经济的整体情况，确保每一笔资金的使用都经过合理的审批和监督。此外，定期审计报告会向村民公开，任何一位农民都有权查看和了解相关的审计结果，确保整个过程的公开性。

彭州市充分利用现代信息技术，通过村务公开平台将集体经济的运营情况、资产使用情况和收益分配情况及时向农民公开。这一平台不仅提升了信息传递的效率，也增强了信息的透明度，农民可以随时查看集体经济的财务状况，了解自己的权益。这种信息化手段打破了传统信息传递的壁垒，减少了中介环节，确保了农民能够及时获取关于集体经济运营的准确数据。通过这一公开平台，农民对集体经济的信任得到了提升，也加强了他们的参与意识和管理责任感。彭州市在集体经济的分配过程中实行了公平的分红机制，确保每一位农民都能根据自己的土地使用权和股权比例，获得合理的分红。所有的分红决策和资金分配都经过民主讨论和公开表决，农民可以参与到集体经济的决策过程中，确保分配机制的公平性。此外，弱势群体也在分配中得到了优先保障，他们的利益得到了更多关注和照顾，进一步确保了整个分配机制的公平性和社会的公平感。通过这些措施，彭州市实现了集体经济利益分配的透明和公平。这不仅提升了农民对集体经济的认同感和归属感，也为集体经济组织的规范化和高效管理奠定了基础。集体经济的管理不仅变得更加规范和高效，也使得农民的参与感和获得感得到了有效提升，从而推动了农村社会的稳定与和谐。通过透明和公平的利益分配机制，彭州市成功实现了集体经济的可持续发展，同时也为其他地区的改革提供了宝贵的经验。

五、加强集体产权制度的法治保障

（一）完善政策法规体系

通过制定和完善一系列政策法规，彭州市为改革提供了坚实的法律基础，确保集体产权的各个环节都能够依法规范操作，保障农民的合法权益，推进农村经济的持续发展。彭州市出台的政策法规涵盖了集体产权的登记、确认、流转、分配等多个方面。这些政策的出台，为集体产权的确认和流转提供了清晰的法律依据，确保产权关系的明确和透明。通过建立健全产权登记制度，农民的土地使用权、集体资源等资产得到了有效确认，减少了纠纷和不确定性。此外，流转政策的制定促进了土地和集体资源的有效利用，为农民提供了更多的选择和机会，确保集体经济能够在合法合规的框架内灵活运作。

政策法规的出台明确了各方的权利与义务，确保改革过程的透明度与公正性。集体经济组织、农民以及政府在改革中的角色和责任得到了明确界定，农民的利益得到了充分保障。政府不仅在政策执行上扮演着监督者的角色，还在资源配置、资金支持等方面为改革提供了必要的支持。而农民通过明确的权利保障，可以更加积极地参与到改革中，享受改革带来的经济收益与社会福利。此外，彭州市在实施改革过程中特别注重政策的配套性和可操作性，确保政策法规能够与地方实际情况相适应，具有切实可行的实施细则。例如，在集体经济组织的运作过程中，政府为其提供了指导，确保组织能够依法开展经营活动。此外，政府还针对不同地区、不同经济水平的村镇制定了差异化的政策，确保集体产权制度改革能够因地制宜，达到最优效果。通过这些政策法规的完善和实施，彭州市在农村集体产权制度改革中取得了显著的成效。法治保障不仅为集体产权的顺利实施提供了有力支持，也有效避免了改革中的风险和阻力。农民的合法权益得到了保护，集体产权制度逐步走向规范化、法治化。这一系列政策法规为其他地区的集体产权制度改革提供了有益的借鉴经验，也推动了农村社会的稳定和发展。

（二）产权登记和流转的法律保障

彭州市在推动农村集体产权制度改革的过程中，特别注重产权登记和流转的法律保障，确保农民的财产权益得到有效保护。通过建立规范的产权登记系统和完善的法律程序，彭州市有效保障了集体资产的所有权和使用权，为集体产权的流转提供了清晰的法律依据，推动了集体经济的健康发展。通过建立统一、透明的产权登记平台，确保集体资产的所有权、使用权以及流转权利得到明确界定。这种规范化的登记系统不仅为集体资产的管理提供了清晰的数据支持，还避免了过去存在的产权不清、纠纷频发等问题。集体土地、房屋等资产的归属得到了法律确认，确保了农民的财产权益不受侵犯。同时，登记系统的公开性也增加了管理的透明度，增强了农民对产权保护的信任。彭州市在集体资产流转过程中，完善了法律保障机制，确保了流转的合法性和公正性。土地流转作为农村集体产权流转的重要环节，直接关系到农民的经济利益和社会稳定。因此，彭州市通过建立完善的法律程序，确保土地流转过程中的公平、公正和透明。通过政策法规的明确规定，土地流转不仅可以合法进行，还能够避免中介机构不规范操作和不公平竞争的现象。政府部门在流转过程中发挥监管作用，确保每一笔流转都符合相关法规，从而保障农民的利益不受侵害。

完善的法律保障制度有效避免了集体资产流转过程中可能出现的纠纷。过去，集体土地流转中常常出现因产权不清或手续不完备引发的纠纷和矛盾。而在彭州市，通过法律保障和程序规范，集体资产的流转得到了有效管理，减少了争议的发生。同时，法律保障为农民提供了明确的维权渠道，当出现纠纷时，农民可以通过合法途径解决问题，确保他们的合法权益得到保护。在法律程序的保障下，农民的产权关系得以明确，集体资产的流转变得更加规范，流转过程中的各类问题得到了有效解决。这一系列举措不仅促进了集体经济的健康发展，也增强了农民的安全感和归属感，为彭州市农村集体产权制度改革的深入推进打下了坚实基础。

（三）推动法治化进程与经验推广

彭州市的农村集体产权制度改革，尤其是在法治保障方面，为其他地区提供了宝贵的经验和实践基础。通过充分利用法律手段解决土地流转、集体资产管理等问题，彭州市在推动集体产权制度法治化过程中，注重强化法律保障，为改革的顺利实施提供了明确的法治依据。通过出台一系列相关政策和法规，彭州市明确了集体产权的登记、确认、流转、分配等各项制度，并通过法律手段保障农民的合法权益。这些政策法规不仅帮助规范了集体资产的管理，还确保了改革过程中的透明度和公正性。

彭州市通过建立科学的法律程序，确保了土地流转的合法性和公平性。这一举措不仅有效避免了不规范操作，还保护了农民在流转过程中的经济利益。通过相关法律手段，对土地流转市场进行了有效的规范，保障了土地的合理流转，避免了市场中的不正当竞争和非法行为。这样的做法为其他地区提供了宝贵的法治经验，尤其是在如何平衡经济利益与社会公平之间的关系方面，彭州市的经验值得借鉴。此外，彭州市在集体资产管理方面的法治保障措施，进一步推动了集体经济组织管理效能的提升。通过建立完善的法律框架，彭州市不仅规范了集体资产的运营和分配，还加强了对集体经济组织的监督。农民可以通过法律手段，确保自身利益不受侵害，集体经济组织的管理也变得更加规范化和高效化。这一做法不仅提高了集体经济的整体效能，也增强了农民的信任和参与度，为改革的深入推进创造了良好的社会氛围。

第六章 彭州新型农村集体经济发展的路径选择与创新

彭州在新型农村集体经济发展中探索出独具特色的路径选择与创新模式，以推动农村经济的高质量发展。通过深化产权制度改革，明确集体资产权属，提升集体经济运行效率。依托数字化平台建设，强化信息管理能力，推动集体经济透明化和规范化发展。同时，注重产业融合与创新，将农业与旅游、电商等领域结合，构建多元化发展格局。通过引入市场化运作机制和专业团队管理，实现了集体资产的增值增效，助力乡村振兴战略实施。

第一节 传统模式与新型集体经济模式的对比

传统集体经济模式通常表现为产权模糊、经营方式单一、决策集中，导致资源配置不合理，效率低下。相较之下，新型集体经济模式通过明确产权、引入市场机制以及多元化经营，推动农村经济高效运转。与此同时，决策机制更加民主化，提升了集体经济成员的参与感与透明度，收益分配更加公平合理，激发了成员的积极性。此外，现代技术的引入与对外合作使资源得到更合理利用，社会效益也得到了显著提升。

一、产权结构

（一）传统模式

集体经济一般实行集体所有制，然而这种所有制模式往往存在所有权与经营权未能有效分离的情况。“一大二公”是传统集体经济模式的典型表现，即土地和生产资料的所有权归集体所有，但土地使用权和经营权未能明确界定。这种结构造成了集体经济在运营过程中缺乏灵活性和效率。产权不清晰，尤其是经营权的缺乏明确，使得集体经济缺少强有力的经营主体。这导致了集体经济难以在市场竞争中获得较强的适应能力。农民与集体经济的关系比较松散，缺乏参与感和主人翁意识，集体的整体利益难以调动个人的积极性。此外，由于集体所有制模式下资源的分配往往缺乏有效的激励机制，农民的生产动力不足，进而影响到农业生产的效率和质量。

由于传统集体经济模式中集体所有制与个体经营权之间的冲突，很多资源在使用过程中得不到高效配置，甚至出现过度开发或低效闲置的情况。这一问题的产生，部分源于集体经济内部决策机制的封闭性和集中化，集体成员很难参与决策过程，导致决策者对资源的使用缺乏实际了解和全局视野。集体经济常常采取单一的农业生产模式，忽视了农业与其他产业的融合发展，导致集体经济面临市场变化时的脆弱性。同时，在传统集体经济模式下，集体经济成员对经济成果的分配方式普遍采取平均主义，忽视了成员个人贡献的差异性。这种分配方式不仅削弱了农民的生产积极性，也使得集体经济的效益难以得到最优体现。在传统集体经济中，很多情况下收入分配方式是按照土地、劳动力等因素进行简单分配，而非基于实际生产效益①。这种分配模式导致了集体经济内部的资源流动性差，农民的生产积极性不高，集体经济很难实现可持续发展。集体经济中的决策通常由少数领导人或管理者主导，基层农民的声音和参与度较低。这使得集体经济的资源配置和生产安排可能偏离实际需求，导致资源浪费或效果不佳。在传统模式下，集体经济的经营者往往依赖计划经济思维，忽视了市场经济中的灵活性和创新性。因此，在市场需求变化和外部环境压力增大的情况下，传统集体经济模式难以快速响应，致使整体经济效益和社会效益降低。

（二）新型模式

新型集体经济模式的一个核心特点是产权的清晰与明晰化。通过确权、颁证等

---

① 罗明忠，刘雨朦，魏滨辉．新型农村集体经济发展对劳动力回流的影响：“安居”与“乐业”［J］．农林经济管理学报，2024，23（3）：263－272．

方式，将集体经济的土地和资源确立为明确的个体或集体股权，使所有权、经营权和收益权得以清晰界定。这种清晰的产权结构为集体经济的发展提供了强有力的保障，有效激发了农民的参与热情和对集体经济的关注度。通过产权明晰，农民可以获得相应的股权份额，享有与个人投入成正比的经济收益，从而增强了他们的责任感和积极性。在新型模式下，集体经济成员的身份和角色得到了重新定义，不再是被动的受益者，而是主动参与者。通过将土地、资源等生产要素量化为股权或经营权，农民不仅可以作为集体经济的所有者享受收益，还能通过积极参与经营活动提升集体经济的整体效益。这种机制的引入，改变了传统集体经济模式中农民与集体经济之间的“距离”，使他们从旁观者转变为实际参与者，并在其中获得可持续的利益。

与传统模式中资源分配不均、产权模糊不同，新型模式通过明确的股权分配，确保了资源能够高效流动，避免了集体经济资源的浪费。股权的量化使得集体经济的资产能够像企业一样进行经营，增强了集体经济单位的市场化运营能力。每一个拥有股权的成员都有机会在资源的使用、配置和管理中发挥积极作用，从而提高集体经济的资源利用效率和经营效益。除此之外，明确的产权结构还能够为集体经济的发展带来更多的资金支持与合作机会。集体经济往往缺乏有效的融资渠道，资金匮乏，限制了其发展的空间。而在新型模式中，股权的明确和量化使集体经济可以更容易地吸引外部资金，通过股东注资、融资等方式解决资金问题。这种资本的引入，不仅为集体经济提供了发展动力，还推动了其多元化发展路径的实现，例如农村电商、乡村旅游和特色农业等产业的崛起。同时，产权清晰化还促使集体经济的管理机制更为科学和透明。与传统模式中的集体经济管理方式相比，新型模式推行的是更加市场化、规范化的管理体制。决策机制趋向民主化，农民可以参与到集体经济的重大决策中，充分表达他们的需求和意见。这种民主决策的引入，不仅提高了集体经济的治理水平，还有效减少了内耗和不合理的资源配置，提升了集体经济的整体运行效率。

二、经营方式

（一）传统模式

传统集体经济模式的另一个显著特点是过度依赖单一农业生产，缺乏多元化发展路径。农村经济的主体仍然是农业且农业生产主要依赖自然条件和传统的生产方式。这种模式下的集体经济通常面临着土地资源有限、气候变化频繁、生产周期长等多方面的不确定性，导致其抗风险能力较为薄弱。由于对单一农业生产的过度依赖，集体经济在市场环境变化、自然灾害发生或经济政策调整等因素的影响下，容易受到严重的冲击。由于传统模式未能有效地进行产业多元化，农村经济常常处于脆弱的状态。单一的农业生产无法满足农民日益增长的收入需求和生活水平提升的要求。这种单一化的生产模式也使得农民的收入来源单一，往往依赖于自然条件的好坏和市场价格的波动。自然灾害，如旱灾、洪水或冻害等，都可能导致粮食减产，从而直接影响到农民的收入水平。如果农业生产的主要收入来源出现问题，整个集体经济也面临较大的风险。

传统集体经济模式中对现代化农业技术的引入较为缓慢，生产方式依然依赖传统的手工劳动和低效的农业机械化。缺乏科技支撑的传统农业生产方式使得集体经济在面对市场竞争时显得捉襟见肘。低效的生产方式不仅限制了农产品的产量和质量，也导致了生产成本过高，使得集体经济在市场中缺乏竞争力。农业的单一性使得集体经济的生产效益难以得到有效提升。由于集体经济缺乏多样化的产业支撑，当农业生产遇到不利的气候条件或市场波动时，集体经济往往无力应对。这种风险集中于农业生产领域，造成了生产受限的同时，也影响了农民的收入保障。此外，传统集体经济模式中的农村金融体系尚不健全，农民融资渠道有限，这使得集体经济在面临突发事件时难以获得足够的资金支持，进一步加剧了抗风险能力的不足。尽管传统集体经济模式在一定时期内为农村社会提供了基本的生产保障和经济支持，但其单一农业生产模式的弊端愈加显现。过度依赖自然条件的农业生产方式，缺乏多元化产业的支撑，使得集体经济在现代化进程中暴露出较大的脆弱性。为了提高抗风险能力，推动集体经济的可持续发展，必须突破传统农业生产模式的束缚，探索多元化发展路径。

（二）新型模式

新型集体经济模式的显著特点是引入市场化经营机制，突破传统的单一农业生产模式，积极拓展产业链，推动多种经营的发展。这种模式强调通过市场化运作，实现资源的优化配置和产业的多元化，从而增强集体经济的韧性和抗风险能力。现代农业、乡村旅游、农村电商等新兴产业的引入成为推动集体经济发展的重要力量。通过多元化的产业布局，新型集体经济不仅可以提升整体经济效益，还能够有效应对外部环境的变化和市场波动带来的风险。市场化经营机制的引入使得集体经济不再仅仅依赖补贴或传统的农业生产，而是通过参与市场竞争，实现资源的合理配置和最大化利用。集体经济在市场经济环境中找到适应的方式，灵活调整生产策略和经营模式，形成了更具竞争力的市场主体。通过引入市场化管理模式，集体经济能够更加高效地组织生产、分配资源和进行风险管理。同时，市场化机制还使得集体经济能够通过资本运作、融资渠道等方式获得更充足的资金支持，推动集体经济的发展。

在产业链拓展方面，新型集体经济模式不再仅局限于传统的农业生产，而是通过发展乡村旅游、农村电商等产业，形成多元化的经营结构。现代农业作为重要的组成部分，不仅包括传统农作物的种植和养殖，还融入了新型农业技术，如智能化农业、绿色生态农业等。乡村旅游的发展则依托于农村独特的自然景观和人文资源，将农业与旅游业相结合，推动农民通过旅游获得新的收入来源。同时，农村电商的崛起为农产品提供了更广阔的市场，让农民能够直接接触到消费者，提升了农产品的附加值和市场竞争力。这些多元化经营模式的引入，有效地分散了集体经济的风险。在面对单一农业生产无法抗衡的自然灾害或市场价格波动时，乡村旅游、农村电商等产业的稳定性能够弥补农业生产带来的损失。通过产业之间的互补性，集体经济能够在不同行业中找到平衡点，提升整体的抗风险能力。例如，在旅游淡季，电商平台的销售可以为农民带来收入，而在农业生产不稳定的情况下，旅游业的收益能够有效缓解农民的经济压力。在新型集体经济模式下，集体经济不仅追求短期的经济效益，还注重长远发展。通过持续拓展产业链、引入新的经济模式，集体经济能够实现资源的持续利用和社会效益的最大化。多元化的产业发展不仅增强了集体经济的内生动力，还推动了乡村振兴战略的实施，改善了农村基础设施和公共服务，提高了农民的生活水平。

三、决策机制

（一）传统模式

传统集体经济模式中的决策机制通常表现为高度集中化。集体经济的经营和管理往往由少数几位领导或管理者控制，他们通常会集中决策所有经济事务。由于这种决策模式缺乏广泛的民主参与，农民的意见和需求往往无法有效反馈到决策层。管理层与农民之间的沟通渠道非常有限，农民在集体经济中的参与感较低，导致他们在集体经济活动中的作用和积极性受限。这种情况不仅影响了集体经济的发展，也使得集体经济难以真正发挥农民的潜力和智慧。集中化决策方式在短期内可能会提高决策的效率，但在长期发展中，却容易导致决策的盲目性和缺乏前瞻性。当集体经济的决策只由少数管理人员主导时，他们可能忽视了基层农民的实际需求与经验，做出的决策往往脱离现实。由于缺少来自农民的意见和反馈，决策者无法获得全面的视角，容易出现片面决策。例如，集体经济可能会在某一特定时期过度投资某项资源或项目，而忽视了其他更为紧迫的需求，从而导致资源配置不合理，甚至出现资源浪费。

决策集中化的另一个问题是管理层往往缺乏与实际生产和市场的紧密联系。管理层的决策往往依据的是理论和计划，而不是真正来源于农民的实际需求和市场变化。因此，这种决策往往缺乏灵活性，在面对外部环境变化时无法及时做出调整。集体经济的管理层可能没有足够的市场敏感性，对农业生产和经营模式的改变迟钝，无法在新的市场条件下及时转型和创新。这种情况导致了资源的浪费和经济效益的降低。由于所有重要决策都由少数人控制，决策过程中可能存在信息不对称和决策延迟，影响集体经济的整体运营效率。许多问题的解决需要基层的反馈和建议，但由于沟通渠道的缺乏，这些问题无法得到及时解决。集体经济的组织结构不灵活，决策流程复杂，导致决策效率低下，管理者在面对复杂情况时，往往无法迅速作出反应和调整，进而影响经济效益的提升。由于决策过于集中，农民对集体经济的认同感和参与感较弱，长期积累下来的结果是农民的责任心不强，集体经济的凝聚力和向心力不足。农民对集体经济的依赖性较大，但由于决策和管理层的独立性，他们很少有机会直接参与集体经济的重大决策，这也使得集体经济缺乏有效的激励机制。农民的积极性和主动性没有得到有效调动，集体经济的发展受到了限制。

（二）新型模式

新型集体经济模式在决策机制上推行民主决策，倡导实行村民代表大会或成员大会的决策制度。这种制度使集体经济的决策过程更加透明和开放，确保集体经济的管理层与成员之间能够保持密切的联系和沟通。通过设立村民代表大会或成员大会，成员可以直接参与到集体经济的重大决策中，表述自己的意见和需求，从而有效增强了成员的参与感和责任感。这种民主决策的模式能够调动广大成员的积极性，促进集体经济的健康发展。相比传统模式中的决策集中化，新型模式中的民主决策能够确保决策更加符合集体经济成员的实际需求。决策权集中在少数管理者手中，决策往往脱离实际，容易导致资源浪费或分配不均。村民代表大会或成员大会作为决策主体，使得各个成员的意见和建议能够得到充分表达，从而避免了决策盲目性，增加了决策的科学性和合理性。每一个成员的参与都使得决策更具代表性，也避免了因信息不对称而导致的错误决策。

所有重要决策都会通过公开的形式在村民代表大会或成员大会上讨论，决策过程向所有成员开放，确保集体经济的运营更加透明。透明度的提升不仅能够增加成员对集体经济的信任度，还能够减少不必要的内耗和疑虑。在传统模式中，由于决策过程的封闭性，成员往往无法了解决策的背景和理由，这容易导致管理层和成员之间的矛盾。决策的透明化使得集体经济的管理层和成员能够保持更好沟通，形成更高效的合作。通过成员大会或村民代表大会，集体经济的治理体系更加清晰，各项决策能够在广泛讨论后迅速做出。这种决策方式能够让集体经济迅速适应市场和社会环境的变化，及时调整发展策略，提高整体运营效率。由于每个成员都参与到决策中，集体经济的管理者能够更准确地把握成员的需求和集体的利益，做出更合理的资源配置，从而避免了传统集体经济中资源分配不均的情况。同时，民主决策还能够增强集体经济的凝聚力和向心力。农民不仅是集体经济的受益者，更是其参与者和决策者。这种角色的转变，使农民对集体经济的归属感和认同感增强，从而形成强大的内生动力。集体经济成员的积极参与不仅能够提升决策质量，也有助于提升整个集体经济的整体效率，推动集体经济持续健康发展。

四、收益分配

（一）传统模式

传统集体经济模式中，收入分配通常以劳动分配为主，且普遍采用平均主义的分配方式。集体经济的成员往往根据其在集体劳动中的参与程度，按照一定的标准分配收入。然而，由于平均主义的盛行，每个成员的收入通常与个人的实际贡献和劳动成果挂钩较少，这导致了一种“人人平等”的收入分配方式。虽然这种方式在初期能够维护集体的基本公平，但随着时间的推移，这种分配方式逐渐暴露出激励不足的问题。收入分配的平均主义往往导致成员缺乏积极性。当所有成员的收入都按照相同的标准进行分配时，个人的努力和贡献未能得到充分的回报。这种分配方式抑制了成员为集体经济贡献更多劳动和智慧的动力，因为无论个人投入多少，最终的回报都差不多。这种状况使得成员之间的竞争意识减弱，集体经济的整体发展动力不足，难以激发出成员的最大潜力。

平均主义的收入分配方式使得成员的收入差距非常小，这表面上看似公平，但实际上却忽视了不同成员的劳动强度和贡献大小。部分成员可能在集体劳动中投入了更多的时间和精力，而另一些成员则可能只是象征性地参与，然而二者却获得相似的收入。这种情况不仅影响了成员的工作积极性，还降低了集体经济的整体效率。在长期运行中，成员对于集体经济的依赖感和积极性会逐渐下降，最终可能导致集体经济发展的停滞。传统模式中的收入分配方式未能充分考虑到市场的多样性和个体的差异性。在集体经济中，成员的技能、经验和劳动能力存在差异，平均主义分配无法充分反映这些差异，导致优秀成员的贡献未能得到应有的回报，反而可能使一些低贡献的成员享受过高的收入。长此以往，这种不合理的分配方式可能会导致人才流失，优秀成员的离开可能会使集体经济失去竞争力，影响集体经济的可持续发展。传统集体经济模式的平均主义分配方式缺乏激励机制，使得成员的劳动积极性无法得到有效调动。集体经济的成员没有明确的收入激励，难以实现生产力的提升和经济效益的增长。无论是从成员的内在动力，还是从集体经济的发展角度看，这种收入分配方式都存在明显的缺陷。

（二）新型模式

新型集体经济模式中的收益分配机制相比传统模式更加灵活与多元，兼顾了劳动报酬和股权收益。这种模式不仅根据成员的劳动贡献来分配收入，还考虑到成员在集体经济中的股权参与，形成了劳动和资本的双重收益来源。集体经济能够更公平地反映每个成员在集体经济中的实际贡献，同时也能激励成员的积极性，增强他们的责任感和参与感。与传统模式中的单一劳动分配方式不同，新型模式中的股权收益使得成员能够从集体经济的整体发展中获得更多的回报。股权收益的分配不仅能够让成员感受到集体经济发展的成果，还能够增强他们的投资意识和集体认同感。通过明确的股权分配，每个成员都可以成为集体经济的“股东”，从而与集体经济的成败紧密相连。成员对集体经济的责任感和参与感因此得以提升，他们不仅仅是单纯的劳动者，更是经济增长的受益者，这有助于提升集体经济的凝聚力和发展动力。

新型模式还注重公共服务的投入，在收益分配中考虑到集体经济对社会和成员福祉的贡献。公共服务的投入不仅包括基础设施建设、教育、医疗等社会保障措施，还涵盖了社会福利、环境保护等方面。通过对公共服务的资金投入，集体经济能够提升成员的获得感和幸福感，让成员感受到集体经济带来的直接实惠。这种方式有效弥补了单纯收入分配机制的局限性，使得集体经济不仅仅关注经济效益，更注重社会效益和成员的生活质量。新型集体经济模式通过综合考虑劳动报酬、股权收益以及公共服务的投入，使得收益分配更加科学和合理。成员的收入不再仅仅依赖于劳动付出，还能够从集体经济的整体发展和公共服务中获益。这种多维度的分配机制避免了单一分配方式带来的矛盾和不平衡，促进了成员之间的共同富裕。成员对集体经济的认同感更强，参与热情更高，集体经济的稳定性和持续发展也因此得到了有力保障。通过收益分配的优化，新型集体经济模式不仅激发了成员的积极性，还改善了他们的生活条件和幸福感。成员的收入水平和生活质量得到了全面提升，同时也让集体经济在长远发展中保持了活力和竞争力。新型模式下的收益分配机制通过平衡个体利益与集体利益，实现了双赢局面，推动集体经济走向更加健康和可持续的未来。

五、技术与资源利用

（一）传统模式

在传统集体经济模式中，技术水平普遍较为落后，农业生产往往依赖于传统的生产方式和工具。这种生产方式对现代科技和技术的应用依赖不足，导致生产效率和资源利用效率都较低。由于缺乏先进的生产技术和管理手段，农业生产周期长，产出相对较低，甚至在一定程度上未能达到资源的最优利用。传统模式下，农民对农业科技的接受度较低，科技创新和技术培训的普及程度有限，这使得整个集体经济的生产力难以得到提升。由于长期以来集体经济依赖自然条件，生产方式单一，许多潜在的资源未得到有效开发和利用。例如，农田水利设施建设滞后，耕地的复种率和产出率不高，水土资源未能得到合理规划与优化利用。这不仅使得农民的经济收益受到制约，也影响了集体经济的可持续发展。集体经济往往过于依赖土地资源，缺乏多元化经营和高效的资源配置，导致整体经济活力不足。

在生态环境保护方面，传统集体经济模式的意识较为薄弱，农业生产往往以提高产量为主要目标，忽视了对生态环境的保护。这种生产方式对土壤、空气和水源等自然资源的破坏较为严重，长期下去可能会造成生态环境的恶化，影响农业生产的可持续性。例如，过度使用化肥和农药、滥伐林木、过度开垦等行为，都会加重环境负担，导致土壤退化、水源污染等问题。而在传统模式下，农民的环保意识较为薄弱，生态环境保护措施没有得到足够重视，导致农业生产与环境保护之间的矛盾加剧。传统模式的集体经济缺乏现代化管理和技术创新的支撑，导致农业生产率低，资源开发利用效率差，生态环境保护也得不到有效保障。农业生产的低效和生态环境的恶化不仅制约了集体经济的长远发展，也使得农民的收入增长困难。随着现代化技术的发展，传统模式下的生产方式已逐渐暴露出无法适应市场需求变化和环保要求的问题，急需进行技术革新和管理改进。因此，传统模式下的技术落后、资源利用不足以及生态环境保护意识的薄弱，不仅影响了农业生产的效率，也给集体经济的可持续发展带来了严重挑战。这些问题的存在，要求集体经济模式必须进行现代化转型，提升科技水平，同时加强生态环境保护，走上可持续发展道路。

（二）新型模式

新型集体经济模式强调现代技术的引入和应用，通过智能农业、绿色环保技术等手段大幅提升生产效率和资源利用率。智能农业的推广，例如精准灌溉、无人机植保和智能监测系统，使得农业生产更加精确和高效。这些技术的应用能够实时监控土壤、水分和气候条件，减少了资源浪费，优化了生产过程。同时，绿色环保技术的采用，例如有机肥料的使用和生物防治技术，降低了对化学品的依赖，减少了对环境的破坏。与传统模式形成鲜明对比的是，新型模式更加注重土地资源的可持续利用，充分体现了生态保护与经济发展的平衡。在土地管理方面，新型模式通过科学规划和轮作休耕制度，维持土壤肥力，减少土地的过度开发和退化。此外，还注重森林、水源和生物多样性保护，以确保农业生产的可持续性。通过生态修复和植被恢复，新型模式为农业生产创造了更为良好的自然条件，也为乡村的长远发展奠定了坚实的基础。

新型模式将生态保护视为集体经济发展的核心，不再以牺牲环境为代价换取短期经济利益。在这一模式中，生态友好的生产方式得到了广泛推广，例如种植结构调整以适应区域气候条件，减少水土流失和自然灾害的影响。这种对环境影响的精准控制，不仅提升了土地的长期生产力，还保护了当地的自然资源和生态系统的平衡，为农业的可持续发展创造了良性循环。除了技术创新和生态保护，新型模式还通过教育和培训提升农民的环境意识和技术能力。农民作为集体经济的主体，通过技术培训掌握了先进的农业生产技术和生态保护方法，从而提高了生产效率和可持续管理能力。这种知识与技能的普及，不仅为农民个人的经济发展提供了助力，也使得整个集体经济在技术驱动下实现了现代化转型。

新型模式的经济效益与环境效益并重，使得集体经济不再局限于短期的产量增长，而是通过技术升级和可持续管理，实现了经济效益的稳步提升和生态环境的显著改善。集体经济的发展路径因此从单纯的数量扩张，转向了更加注重质量和效率的方向。这种双赢的模式不仅提升了农民的收入水平和生活质量，还增强了农村经济的抗风险能力，为集体经济的长远发展开辟了新局面。可以看到，新型集体经济模式通过引入现代技术和注重生态保护，为农业生产带来了革命性的变化。它不仅推动了集体经济的现代化，还在可持续发展和环境保护方面取得了显著成果。通过平衡经济效益与环境效益，新型模式为乡村振兴和绿色农业提供了宝贵的经验和实践范例，展现了集体经济发展的新方向和新未来。

第二节　彭州农村集体经济发展的创新路径

彭州农村集体经济发展的创新路径集中体现在产权制度改革、多元化发展、科技赋能和生态经济建设等方面。通过明确产权关系，实行股份合作制，激发集体经济活力。依托资源优势推动产业结构优化，发展特色农业和文旅融合产业，实现经济多元化。现代科技的引入，如智慧农业和精准种植，大幅提升生产效率和资源利用率。生态保护与经济发展相结合，推广绿色生产方式，实现可持续发展。此外，政策支持和文化赋能为农村集体经济注入了长期发展的动力和软实力。

一、推动产权制度改革

（一）明确产权关系，夯实集体经济发展的基础

彭州在推进农村集体产权制度改革中，首先着力于明确产权关系，通过确权、颁证等措施，使土地、林地等集体资源的所有权、经营权和收益权清晰化。传统农村集体经济中，产权模糊导致资源配置低效、权责不清的问题较为突出，而明确产权关系能够有效解决这一困境。确权颁证工作的实施，不仅保障了农民的合法权益，还增强了农民对资源管理和利用的责任意识。例如，在土地确权过程中，明确了农民承包地的边界和权属，为农民参与土地流转、入股合作社等经济活动提供了法律依据。这种清晰的产权关系为资源的市场化配置创造了条件，使得集体资源能够更高效地服务于经济发展，进而为集体经济提供了稳定的基础。

（二）推行股份合作制，提升资源配置效率

在产权制度改革的基础上，彭州积极推行股份合作制，将集体土地、林地等资源量化为股份，并以股权形式分配给村民。通过这一机制，集体资源被注入市场经济中，资源配置更加合理和高效。股份合作制的优势在于，它不仅能够确保资源的经济效益最大化，还可以让资源收益的分配更加透明和公平。例如，村民可以通过股权享受土地流转、资源开发等活动的收益分红，形成利益共享机制。同时，股份合作制还为集体经济引入了市场化管理模式，提升了管理效率。资源利用效率的提升使集体经济逐步摆脱了传统模式下的低效运行状态，走上了高效益、高质量发展的道路。

（三）激励农民参与，激发集体经济的内生动力

改革的一个重要成果在于农民角色的转变——从被动的劳动者变为主动的股东和决策者。股份合作制使农民可以以股东身份参与集体经济管理，直接分享经济发

展的红利。这种机制不仅提高了农民的经济收益，还增强了他们对集体经济发展的责任感和参与感。例如，农民参与村级合作社或集体企业的经营管理，不仅可以提出建议，还可以监督资源的使用和收益分配，确保集体经济的公开透明运作。此外，这种利益绑定机制极大地调动了农民的积极性，他们不仅更加注重资源的保护和合理利用，还主动参与到新型农业、生态旅游等新兴产业中，为集体经济注入了新的活力和动力。通过这种激励机制，彭州的集体经济实现了从单纯依赖政策扶持向自主发展、内生增长的转变。

二、引入多元化发展模式，优化产业结构

（一）依托资源禀赋，发展特色农业

彭州充分挖掘和利用本地的自然资源优势，积极发展特色农业，通过精细化的农业生产方式提升农产品的附加值。例如，彭州根据不同区域的地理和气候特点，选择适宜的农作物种植，并推广有机种植、绿色农业等方式，生产出品质高、市场竞争力强的特色农产品。这不仅满足了市场对高品质农产品的需求，还通过品牌化建设提升了农产品的知名度。例如，彭州的柑橘、葡萄等水果已经打响了地方特色品牌，形成了“一个村一品”的农业发展模式。这种模式的推进，不仅促进了当地农民增收，还通过发展特色农业带动了上下游产业链的发展，如包装、物流和销售等环节，从而提升了农村经济的整体效益。

（二）推动乡村旅游，打造产业融合新模式

在推进农村经济多元化的过程中，彭州将乡村旅游作为重要的发展方向之一。依托丰富的自然景观和深厚的历史文化底蕴，彭州积极发展乡村旅游，探索农业与旅游的深度融合。在旅游产业发展的过程中，彭州不仅着力建设景区和旅游设施，还将本地特色农业与旅游资源相结合，开发农业观光园、农事体验活动、民宿等形式的乡村旅游项目。这种模式不仅为农民提供了新的就业和创业机会，还带动了餐饮、住宿、交通等相关行业的发展，形成了产业融合的良性循环。乡村旅游的发展不仅提升了彭州的知名度，也促进了文化的传承和传播，增强了地方经济的可持续发展能力。

（三）发展绿色产业，推动生态与经济双赢

彭州在实现农业产业化的同时，注重绿色产业的发展，尤其是在生态农业、绿色能源和环保产业等方面积极探索。通过推动绿色产业，彭州不仅优化了产业结构，还推动了经济与环境的双赢。例如，彭州发展了生态农业项目，采用低碳环保的生产方式，减少对土地和水资源的污染，同时通过提升农产品的绿色认证和生态标签，使其在市场上更具竞争力。此外，彭州还大力发展清洁能源产业，如风能、太阳能等绿色能源项目，减少了对传统能源的依赖，进一步提升了地区的可持续发展能力。通过这些绿色产业的推进，彭州不仅提升了资源的利用效率，还实现了生态环境保护与经济发展的双重目标，为农村经济的多元化发展注入了新的活力。

三、加强科技赋能

（一）引入智慧农业技术

彭州通过引入智慧农业技术，推动农业现代化和高效化发展。智慧农业以信息化、自动化为特点，通过物联网、大数据、云计算等技术实现农业生产过程的智能化管理。具体应用上，彭州依托智能传感器和数据采集系统，实现土壤湿度、温度等环境信息的实时监控，通过数据分析优化灌溉、施肥等生产环节的决策，极大提升了农业生产效率。例如，通过智能灌溉系统，农田水资源得到了科学调配，避免了传统农业中频繁的人工浇水，节省了劳动力和水资源成本。随着农业生产的智能化，彭州的农民能够更高效地管理和利用土地，提高了农作物的产量和质量，从而有效促进了集体经济的可持续增长。

（二）应用无人机和精准农业技术，优化作物管理

彭州在现代农业中积极推广无人机技术和精准农业，进一步提升了农业生产的精准度和效率。无人机可以实现农业生产中喷洒农药、施肥等操作的自动化，大大减轻了农民的劳动强度，同时确保了作物管理的精准性。通过精准农业技术，农民能够根据作物的不同生长阶段和实际需求，进行个性化的农药喷洒和肥料使用，避免了资源的浪费和环境的污染。这一技术不仅提高了农业生产的可控性和质量，还

减少了农业生产中的人为干扰和错误，提高了作物的健康度和市场竞争力。随着无人机技术的应用，彭州的农业生产逐步实现了从传统经验型向数据驱动型的转变。

（三）建设农业科技示范基地，提供技术支持与培训

为了加速农业现代化进程，彭州还建设了农业科技示范基地，作为技术创新和农业现代化的试验场。这些示范基地不仅展示了现代农业技术的应用效果，还为农民提供了技术培训、设备使用和操作指导，帮助他们快速掌握新技术和新设备的使用方法。通过定期举办技术培训班和现场教学，农民能够直接从专家和技术人员那里获得最新的农业科技信息，提升他们的专业技能和生产水平。此外，示范基地还通过合作社和农业公司等平台，为农民提供技术咨询和后续服务，确保新技术能够真正落地实施，帮助农民从中受益。彭州实现了农业科技成果的快速转化，使科技更好地服务于农业生产，从而推动了农村集体经济的智能化和现代化转型。

四、深化村企合作，推动产村融合发展

（一）建立村企联合体，促进资源共同开发

彭州积极推动村企合作，建立村企联合体，实现农业资源的共同开发和利益共享。通过与企业的合作，农村集体经济能够借助企业的资金、技术和管理经验，提升资源的开发效率和市场化运作水平。例如，在农业领域，彭州通过与农业企业合作，共同开发特色农业项目，如绿色农产品种植、生态农业项目等。企业提供现代化的生产技术和管理模式，村集体则提供土地资源和劳动力支持，双方形成互补优势，推动农村经济向更高效、更可持续的方向发展。此外，村企联合体还促进了农业产业链的延伸与完善，通过合作共建农产品加工企业、物流配送中心等设施，使得原本单一的农业生产向更高附加值的产业拓展。

（二）吸引社会资本，推动农村经济转型升级

在深化村企合作的过程中，彭州注重吸引社会资本参与农村经济建设。通过优化投资环境，建立政策扶持平台，彭州鼓励和吸引企业、金融机构等社会资本流入农业和农村产业，实现资金、技术、管理的综合支持。例如，通过税收减免、土地

优惠政策等手段吸引外部资金，帮助村集体经济发展新兴产业。此外，村企合作也带动了农村基础设施的建设，如水利、道路、通信等设施的完善，为农村经济转型升级提供了坚实的基础。随着社会资本的进入，农村的基础设施得到了改善，农业产业的结构也逐步向现代化、市场化方向发展，这不仅推动了农村经济的持续增长，也为农民提供了更多的就业机会和创业平台，提升了农民的收入水平和生活质量。

（三）推动基础设施建设与公共服务完善，促进城乡共赢

彭州在深化村企合作的同时，注重推进农村基础设施建设和公共服务的完善，以促进城乡经济的互促共赢。基础设施的改善为农业生产和农村经济提供了重要支持，如现代化的交通网络、供水供电系统、互联网覆盖等，为农产品的运输、加工和销售提供了便利。此外，农村的公共服务如教育、医疗、文化等也得到了提升，增强了农村居民的获得感和幸福感。通过村企合作，农村集体经济在吸引社会资本和技术的同时，也实现了基础设施和公共服务的双重提升。这种城乡融合发展的模式，不仅有助于推动农村经济向现代化发展，也促进了城乡资源的流动和相互作用，缩小了城乡差距，实现了更加平衡和可持续的发展。

五、强化基层组织建设，提升治理水平

（一）健全民主决策机制，增强村民参与感与责任感

在集体经济的管理中，彭州注重通过健全民主决策机制来增强村民的参与感与责任感。通过建立村民代表大会、成员大会等决策机构，确保村民可以在集体经济重大事项上有发言权，真正做到民主决策和集体治理。这种机制使村民的声音能直接影响集体经济的运作，提高了治理的透明度和公众参与度。例如，彭州设立了村民议事平台，定期召开村民代表大会讨论集体经济的预算、资金使用和发展规划等问题，使每个成员都能对集体经济的发展提出建议并参与讨论。通过这种机制，村民对集体经济的认同感和归属感得到了提升，同时也增强了他们的责任感，确保了集体经济的健康和可持续发展。

（二）推动集体经济管理透明化，提升治理效率

彭州在集体经济管理中推行透明化、公开化，确保了集体经济的各项运营和决策更加透明，增加了公众的监督力度，提高了治理效率。具体来说，彭州要求集体经济组织定期公布财务状况、资金使用、项目实施进度等信息，让村民了解和监督集体经济的各项开支和运营情况。例如，集体经济组织每年都会向村民公开年度财务报表，并对重大项目和资金使用情况进行说明，确保没有不当开支和资源浪费。这种公开透明的管理方式不仅增强了集体经济的社会信任度，还促进了集体经济的健康发展。通过这种管理模式，集体经济更具规范性和可操作性，促进了整体治理水平的提升。

（三）选优配强基层干部队伍，提升带动能力

彭州注重选优配强农村基层干部队伍，通过优化干部选拔机制，提升其带动集体经济发展的能力。优秀的基层干部不仅需要具备扎实的管理能力，还要有较强的创新意识和敏锐的市场洞察力。为此，彭州在选拔基层干部时，注重考察其在经济管理、农村发展等方面的综合素质，并通过培训提升其政策理解和操作能力。例如，彭州定期举办领导干部培训班，组织基层干部学习现代农业技术、财务管理、农村经济发展等知识，增强他们的综合素质和解决问题的能力。此外，彭州还鼓励基层干部主动与外部资源对接，引导社会资本和技术力量进入农村，提升集体经济的创新能力和发展潜力。通过选优配强基层干部队伍，彭州能够确保集体经济有足够的力量和智慧进行有效引领，推动农村经济的持续健康发展。

六、发展生态经济

（一）推广绿色种植与养殖技术，提升生态经济效益

彭州在推进集体经济发展的过程中，积极推行绿色种植与养殖技术，确保农业生产既符合现代化需求，又能保护生态环境。例如，在农业生产中推广有机种植，减少农药和化肥的使用，避免对土壤和水源的污染。同时，彭州还引入生态养殖模式，通过循环农业和生态养殖系统，减少养殖废弃物对环境的影响，保障农业生产的可持续性。这种绿色发展模式不仅提升了生态效益，还通过提升农业产品附加

值，为农村集体经济提供了新的增长点，实现了经济效益与环境效益的双赢。

（二）发展生态旅游，促进生态与经济双赢

作为集体经济发展的重要方向，彭州还注重将生态保护与旅游发展结合，推动生态旅游产业的蓬勃发展。彭州通过开发本地的自然景观、历史文化资源和生态保护区，发展生态旅游业，吸引游客前来体验乡村风情、自然景观和绿色环保项目。这一策略不仅能增加集体经济的收入来源，还为当地居民提供了就业机会。生态旅游的发展带动了餐饮、住宿、交通等多种相关产业的兴起，促进了农村经济的多元化。彭州不仅能保护生态环境，还能依靠生态资源创造经济价值，实现了生态与经济的有机融合。

（三）推进生态工程，提升可持续发展基础

彭州在推动集体经济发展的同时，注重实施农田林网、湿地修复等生态工程，增强生态环境的承载能力，为经济可持续发展提供保障。通过开展农田林网建设，彭州实现了农田、水土保持和生态环境的有机结合，有效防止了水土流失，提升了土壤质量。此外，湿地修复工程在恢复生态功能的同时，也为生物多样性提供了栖息地，促进了当地自然环境的恢复和生态平衡的建立。通过这些生态工程的实施，彭州为集体经济发展创造了良好的生态环境，确保了经济活动在绿色、可持续的框架下进行，同时推动了生态文明建设和绿色发展。

七、加大政策支持力度，完善保障机制

（一）积极争取财政补贴与税收优惠，减轻集体经济负担

彭州在推动集体经济发展过程中，充分利用国家和地方的财政政策支持，积极争取财政补贴和税收优惠，以减轻集体经济组织的负担。通过向上争取补贴，特别是在农业生产、基础设施建设和生态保护等方面的财政投入，彭州能够获得更多的资金支持，从而推动集体经济的转型升级。此外，通过实施税收优惠政策，鼓励农业生产和农村企业发展，减少经济活动中的税费负担，增强集体经济的自主发展能力。这一政策的实施不仅缓解了集体经济组织的资金压力，还能够有效激励农村企

业和农民的积极性，推动经济增长和农村产业结构的优化。

（二）拓展金融支持渠道，为集体经济注入活力

在农村集体经济发展过程中，彭州注重拓展金融支持渠道，解决农村经济融资难题。通过与银行、金融机构的合作，推动金融产品创新，提供适合集体经济组织的信贷支持。例如，彭州针对农村合作社、农民合作组织等主体，推出专门的低息贷款和信用担保，帮助他们获得资金用于基础设施建设、产业发展以及技术创新等方面。同时，还通过担保基金等方式降低金融机构的风险，鼓励银行加大对农村经济的投入。此外，彭州还积极推进农民小额信贷服务，改善农民的金融服务条件，推动集体经济和农业现代化进程。这些金融支持政策的实施，为集体经济注入了更多的资金活力，促进了农村经济的可持续发展。

（三）吸引人才回流，促进农村创新创业

彭州通过加大政策支持力度，吸引各类人才回流农村，促进创新创业，推动集体经济发展壮大。通过实施人才激励政策，如提供创业补贴、税收减免、住房补贴等，为农村创业者和返乡人才提供优厚的创业环境和政策保障。此外，彭州还通过设立创新创业基地、科技园区等载体，吸引青年才俊和科技人员返乡创业，推动农村经济向创新驱动发展转型。通过这些政策，彭州能够有效解决农村人才流失的问题，增强农村创新能力，推动农业和农村产业结构的升级。这不仅提升了集体经济的市场竞争力，也为农村带来了新的发展机遇和活力，形成了集体经济与创新创业的良性互动，助力农村经济的全面发展。

八、推动文化赋能，提升农村发展软实力

（一）挖掘和传承地方文化，增强集体经济的文化内涵

彭州通过挖掘和传承地方文化，赋予农村集体经济更深的文化内涵，促进经济与文化的融合发展。彭州有着丰富的地方文化资源，如民俗、传统节庆、手工艺和特色美食等，这些独特的文化元素为农村经济提供了创新发展方向。地方文化的传承不仅丰富了农民的精神生活，也促进了集体经济的发展。例如，彭州通过举办传

统节庆活动、民俗展览等文化活动吸引游客，推动了农村旅游产业的发展，同时使当地居民更深刻地认识到地方文化的价值和传承的重要性。这种文化赋能的方式能够让农民更好地理解集体经济与文化的密切关系，提高他们参与集体经济的积极性，从而促进集体经济的蓬勃发展。

（二）发展文旅融合产业，推动文化资源转化为经济增长点

彭州注重将文化资源与旅游产业结合，发展文旅融合产业，进一步推动地方文化的经济转化。通过开发具有地方特色的旅游产品，如传统文化体验、乡村民宿、手工艺品展示等，彭州将文化资源转化为经济增长点，不仅提升了旅游业的收入，还带动了农业、餐饮、零售等相关产业的发展。文旅融合的发展不仅吸引了大量游客，也为农民提供了就业机会和创业平台，推动了农村经济的多元化。此外，彭州还通过建立文化产业园区、文化创意基地等方式，推动文化创意产业的发展，促进文化产业与现代农业、农村经济的深度融合，进一步提升了集体经济的文化附加值和市场竞争力。

（三）培育农村文化品牌，提升村民认同感与参与感

彭州通过培育特色农村文化品牌，增强村民对集体经济发展的认同感和参与感，进一步提升集体经济的凝聚力。通过在地方文化的基础上打造具有辨识度的文化品牌，如“彭州风味美食”或“彭州传统手工艺”，彭州不仅提升了品牌的市场影响力，还为农民提供了参与文化经济活动的机会。通过文化品牌的打造，村民能够从中受益，不仅能提升自身的经济收入，还能增强对集体经济发展目标的认同感。与此同时，文化品牌的成功塑造也激发了村民的归属感和集体意识，使他们在集体经济发展中更加积极地参与，共同推动集体经济的发展壮大。这一策略通过文化力量促进经济发展，形成了农村文化与经济发展的良性互动。

第三节　产业化、集约化和数字化的融合发展

彭州通过产业化推动农村集体经济向规模化和市场化转型，依托农业龙头企业和合作社等平台，实现农业产业链延伸。与此同时，集约化发展通过土地流转和规

模经营提高资源利用效率，促进了农业的标准化和高效生产。此外，数字化转型为集体经济提供了现代技术支持，推动农业生产精准化、智能化，并通过大数据分析优化资源配置，进一步提升了集体经济的现代化水平。三者的融合推动了彭州农村经济的可持续发展。

一、产业化发展，推动农村集体经济升级

（一）推动农业产业化，促进农业现代化

彭州通过推动农业产业化发展，着力提升农业生产的规模化与市场化水平。在传统农业生产的基础上，彭州积极引导农业集体经济组织发展成为农业龙头企业和合作社，鼓励这些组织与现代农业技术接轨，实现农业生产的自动化、智能化和精准化[①]。通过推动农业产品的深加工和多功能化，彭州实现了从单一农业生产向综合农业产业链的延伸，提高了市场竞争力。这种转型不仅提升了农业生产效益，还为农民创造了更多的就业机会，促进了农民收入的增加。

（二）发展乡村旅游与绿色产业，拓宽经济发展路径

在农业产业化的基础上，彭州还将乡村旅游与绿色产业纳入农村集体经济发展的重要方向。依托丰富的自然资源和文化遗产，彭州积极发展乡村旅游业，吸引城市居民前来度假、休闲，带动了当地农民从事旅游服务、民宿经营等多元化就业。绿色产业的发展则注重环保与可持续发展，鼓励农民采取绿色农业种植、生态养殖等方式提升产品的环保性和市场竞争力。乡村旅游和绿色产业的融合，不仅推动了农民增收，还为农村集体经济注入了新的活力，形成了农业与服务业的良性互动。

（三）集体经济组织与产业联盟合作

彭州通过培育农业合作社、产业联盟等集体经济组织，推动农业产业链的整合与延伸。这些集体经济组织通过与龙头企业、市场主体的深度合作，形成了集聚效

---

① 周笑梅，杨露露，陈冬生．乡村振兴战略背景下推进新型农村集体经济发展研究［J］．农业经济，2024（2）：45－46.

应，提升了农产品的市场竞争力。通过合作社和产业联盟，农民不仅能够获取更多的资源和技术支持，还能更好地参与到市场运营中，确保产品的稳定供应和销售。彭州逐渐打破了小农经济的局限，提升了集体经济的组织化、专业化水平，增强了市场抗风险能力。

（四）引导资本与技术注入，促进高效、现代化转型

在产业化发展的过程中，彭州注重引导资本与技术的注入，推动农村集体经济向高效、现代化转型。通过政策扶持、金融支持等方式，吸引社会资本进入农业领域，推动农村集体经济实现资本化、规模化经营。此外，彭州还大力引进现代农业技术，如智能化农业设备、精准农业技术等，提升了农业生产效率和质量。通过技术创新和资本支持，彭州的农村集体经济不仅实现了产业化升级，还成功推动了农业向绿色、环保和可持续方向发展，为未来农村经济的持续健康发展奠定了基础。

二、集约化发展，提升资源利用效率

（一）推进土地流转，提升土地资源利用效率

彭州通过土地流转政策促进土地资源的集约化使用，有效整合分散的土地资源，使之集中到集体经济组织和大规模经营者手中。这种方式有助于提高土地的生产效率，使原本零散的土地在集中经营下形成规模效应，提升单产效益。同时，土地流转还为农民提供了土地出租或转让的收入来源，解决了农民收入单一的问题。此外，土地集约化不仅提高了农田管理的效率，也为后续的农业现代化和产业化发展奠定了基础，推动了农业的规模化生产。

（二）规模经营，提升农业生产效益

通过集约化发展，彭州鼓励集体经济组织采取规模化经营的方式。大规模农业经营使得农业生产能够标准化、机械化，有助于提高劳动生产率，减少人力成本。同时，通过统一管理和调度，集体经济组织能够更好地进行生产安排、资源调配和质量控制，确保生产的稳定性和高效性。这种集约化经营模式有效打破了传统小规模、低效益的农业生产模式，使农业生产向高效、可持续的方向发展，为农民带来

了更多的收益和更高的就业机会。

（三）优化资源配置

集约化发展使得彭州能够更加有效地配置农业资源，特别是在土地、劳动力、资金等方面。通过集体经济组织的协同作用，优化了土地利用结构，提高了土地的综合效益。此外，集约化经营使得集体经济组织能够减少生产中的浪费，如减少资源过度使用、节约能源消耗等。这不仅提高了农产品的生产效益，还降低了整体的生产成本。通过资源的高效配置，集体经济组织在市场竞争中具备了更强的竞争力，为经济增长提供了坚实的基础。

（四）乡村基础设施建设，促进集约化效益提升

在集约化发展的过程中，彭州不仅注重农业生产的集约化，还加强了乡村基础设施的建设。通过集约化的方式，彭州能够有效整合和利用有限的资源来完善农村基础设施，如交通、能源、水利等。基础设施的改善提升了生产效率和生活质量，为集约化生产提供了有力支撑。此外，良好的基础设施也促进了农村经济的集约化利用，带动了农业、服务业和工业的联动发展，实现了资源的综合利用，进一步提高了农村经济的整体效益。

三、数字化转型，促进集体经济现代化

（一）建设数字农业平台

彭州通过建立数字农业平台，利用现代信息技术优化农业生产过程。这些平台汇集了农业种植、养殖、加工等各个环节的数据，并通过物联网设备实时监控田间作物的生长情况、土壤湿度、气象条件等。农民能够通过这些平台获得精准的农业生产信息，及时调整作物种植方案和生产节奏，从而提高作物的产量和质量。此外，数字农业平台还帮助农民实现资源的精准投入，减少了过度施肥、过度灌溉等浪费现象，提升了农业生产效率。

（二）推动农业电商发展

通过数字化转型，彭州鼓励农民使用电商平台直接对接市场，实现农产品的线上销售。这不仅拓宽了农民的销售渠道，也提高了农产品的市场透明度。通过线上平台，农民能够获得更多消费者的关注，减少了中间环节的费用，直接提高了收入水平。此外，电商平台还提供了更多的服务，如物流配送、支付系统等，使农民的销售活动更加便捷高效。

（三）应用大数据分析，实现精准资源配置

彭州通过大数据系统对农业生产和市场需求进行精准分析，帮助农民科学规划生产。利用农业大数据平台，集体经济组织能够实时掌握市场动态，分析农产品的供需变化，合理调配资源，避免了传统生产方式中常见的产量过剩或短缺问题。农民能够了解市场价格趋势和消费者需求，从而及时调整种植或养殖结构，提高农业生产的市场适应性和抗风险能力。大数据技术的应用促进了农业生产的精准化，优化了资源配置，提升了农村集体经济的整体竞争力。

（四）推动农村金融和物流现代化，助力集体经济发展

彭州的数字化转型不仅促进了农业生产的现代化，也推动了农村金融和物流系统的升级。数字化金融服务使得农民能够方便地进行贷款、保险等操作，减少了资金流动中的障碍。同时，物流信息系统的建设使得农产品的流通更为高效，缩短了产销之间的时间差，降低了运输成本。这些数字化服务的完善，进一步促进了农村集体经济的高效运转，增强了集体经济在市场中的竞争力。此外，数字化技术还提高了服务的普及率和便捷性，使得农村经济更加适应现代化市场需求。

第四节　彭州新型农村集体经济的特色与优势

彭州新型农村集体经济具备明显的特色与优势，其资源多样性和特色农业发展，使得农村经济呈现出独特的产业结构。集体经济与合作社模式的结合，增强了农民的参与感和利益共享机制。绿色生态与可持续发展相结合，不仅提高了农业效

益，也保护了生态环境。数字化赋能农业，提升了生产效率和市场竞争力。政策支持和资金保障，为集体经济发展提供了强有力的保障，推动了经济的多元化和可持续发展。

一、彭州新型农村集体经济的特色

(一) 资源多样化与特色农业融合发展

彭州的新型农村集体经济注重结合当地独特的自然资源和文化背景，推动“一村一品”模式。通过将当地的土壤、气候等自然条件与市场需求结合，彭州发展了以生态农业、绿色农业为核心的产业。同时，借助乡村旅游等创新业态，形成了以农业为基础、多元化产业共同发展的特色，推动了农村经济的转型与升级。

(二)“集体经济＋合作社”模式推动合作共赢

彭州创新了集体经济与农民合作社的深度融合，采取“集体经济＋合作社”的运营模式。各村集体经济组织通过成立合作社，使农民成为合作社的股东、分红者，形成了集体经济与农民利益共享的机制。这一模式有助于增强集体经济的凝聚力和农民的参与感，同时促进资源的共享与集约利用，有效地提升了集体经济的整体效益。

(三) 绿色生态与可持续发展相结合

彭州大力发展绿色生态产业，注重生态环境保护和农业可持续发展。通过推进生态农业和绿色种植技术的应用，减少化肥农药的使用，实现了农业生产与环境保护的协调。尤其在土地、林业等资源的利用上，强调生态优先与可持续利用，为乡村经济的发展注入了绿色动力，既提高了农业效益，也保障了生态环境的稳定。

(四) 数字化赋能农业，提升生产效率与市场竞争力

彭州的新型农村集体经济特色之一是积极引入数字化技术，推动农业的智能化转型。通过建设数字农业平台、智慧农业系统，利用大数据和物联网技术，提升农业生产的精准化和智能化。这不仅提升了农业生产效率，还通过电商平台和数字化

手段帮助农民开拓更广阔的市场，实现了农产品的快速流通和高效销售，增强了集体经济的市场竞争力。

二、彭州新型农村集体经济的优势

（一）政策支持强大，保障措施完备

彭州新型农村集体经济得到了地方的大力支持，政策保障体系完善。通过资金扶持、税收优惠、政策引导等多方面措施，为集体经济提供了良好的发展环境。尤其在土地流转、金融支持、产业化发展等领域，彭州积极争取政策资源，推动集体经济发展的各项举措落地生效。

（二）产业融合发展，提升经济效益

彭州新型农村集体经济的一大优势是其产业融合发展。通过农业与二、三产业的深度融合，彭州不仅提升了农业生产的附加值，还促进了乡村旅游、绿色产业等多元化产业的发展。乡村旅游业的兴起为农民提供了多元化的收入来源，同时带动了当地基础设施建设和公共服务提升，极大提升了农村经济的综合效益。

（三）农民收入持续增长，社会稳定

在新型农村集体经济模式下，彭州通过股份合作、合作社和产业链延伸等方式，增强了农民的参与感与获得感。农民不仅通过劳动获得收入，还能通过集体经济组织的分红、股权收益等方式增加收入。这种利益共享的模式促进了农民的积极性和生产积极性，有效地提升了农民的收入水平，推动了社会的和谐稳定。

（四）绿色发展路径，有助于可持续发展

彭州的农村集体经济注重生态环境保护和资源的可持续利用。通过发展绿色农业、生态旅游等产业，彭州形成了以绿色、环保为核心的可持续发展路径。这种模式不仅提升了农业生产效益，还保护了当地的自然资源，为乡村经济的长远发展奠定了坚实的生态基础。此外，绿色产业的发展还增强了彭州在现代市场中的竞争力，有助于吸引更多的投资和合作机会。

（五）人才引进与技术支持，推动经济创新

彭州新型农村集体经济还具有引进人才和技术创新的优势。通过实施人才回流政策，吸引各类农业专家和创业人才回到农村，同时提供丰富的技术培训和支持服务。随着人才和技术的引入，农村集体经济在生产模式、经营管理、市场营销等方面都得到了创新，提高了农业生产效率和集体经济的整体竞争力。

第七章 彭州市农村集体经济典型案例

第一节 整村共富型——龙门山镇宝山村

宝山村（图7-1）始终坚持党建引领走集体共富道路，围绕“发展为了群众、发展依靠群众、发展造福群众”的初心和使命，坚持高质量发展、高效能治理，构建了“四全治理”工作体系，让村民共创共享发展成果，以共同富裕推动中国式乡村现代化。

宝山村

一、全领域共建发展，打通共同富裕的“快车道”

彭州市在推动共同富裕的过程中，采取了全领域共建发展的策略，通过产业高质量发展和多元化的产业融合，打通了经济增长与社会福祉提升的“快车道”。其中，推动农业、商业、文化、旅游和体育等多个领域的深度融合（图7-2），形成了一个生态宜居的“农商文旅体融合生态”。通过整合资源，彭州市为村民提供了更多就业机会、增收渠道和创业平台，从而加快了整体经济水平的提升，进一步缩小了城乡收入差距。在产业发展方面，彭州市注重优化产业结构，通过引入现代农业、乡村旅游、绿色生态等产业，不仅提高了生产效率，还通过产业链的延伸提升了农产品的附加值。通过创新的“集体控股、村民职工持股”模式，集体经济不仅保持了经济主体的稳定性和发展方向，还充分调动了农民的积极性，让每一位村民都能分享集体经济增长的红利。特别是在股份合作模式下，村民通过入股、分红等方式，参与了集体经济的管理与收益分配，实现了收入多元化。

为了确保公平与效率的平衡，彭州市实施了“效率优先、兼顾公平”的分配机制。这一机制通过科学合理的收益分配，使得乡村集体经济的利益得以广泛共享，推动了更多贫困家庭的脱贫致富。同时，积极引导民宿和农家乐的蓬勃发展，支持当地乡村旅游业的建设。彭州市依托独特的自然资源和丰富的文化底蕴，成功培育了 416 家民宿和农家乐，年均为村民提供上万个就业岗位，为村民创造了 1 亿元的年收入[①]。这不仅提高了农民的收入水平，也推动了地方经济的蓬勃发展。彭州市通过产业发展的全面推动，极大地促进了当地村民的经济参与感和获得感。在 2017 年中国名村幸福指数的评比中，彭州市位列第二，充分展示了全领域共建发展的成效。通过经济基础的稳步提升和产业融合的深入推进，彭州市的共同富裕进程得到了进一步加速，为其他地区提供了有益的经验和借鉴。

农商文旅体融合生态

① 李文嘉，李蕊．新型农村集体经济发展的现状、问题及对策［J］．人民论坛，2023（15）：56—58.

二、全过程人民民主，凝聚共治共担的“向心力”

在彭州市，推动全过程人民民主是增强群众参与感、提升集体治理效能的重要举措。通过完善村民自主参与机制，彭州市通过“三晒三提高”的工作方法，建立起了一个全方位、多层次的群众参与平台，真正实现了从规划设计到实施后的全过程透明展示。具体来说，彭州市实施前晒方案、实施中晒进度、实施后晒成效的方式，使得村民能够参与到项目的每个环节，不仅提高了项目的科学性和实用性，还通过有效的监督机制，提升了群众的知晓度和参与率。通过这些手段，项目的整体效果得到了充分保障，同时也增强了群众的自主监督意识，让集体经济和社会治理的成果更具代表性和公信力。在基层治理方面，彭州市采取了“微网格”模式，通过深度打造基层治理的“微网实格”体系，使得每个社区都能成为基层治理的基本单元，推动了基层治理模式的全面升级。五级联动工作机制的实施，进一步确保了治理资源的精准配置和高效传递。按照“1户1家长、10户1邻长、5邻1微网格长”的模式，彭州市实现了基层治理的全覆盖，构建了“家长－邻长－（里长）微网格长－网格长－总网格长”五级社区议事网络。通过这一创新模式，彭州市能够在全域范围内实现高效、便捷的群众事务管理，真正做到了让治理工作“从群众中来，到群众中去”。

“五级联动”的工作机制

为了推动乡村治理的现代化，彭州市还积极搭建数智宝山智慧平台，推动“互联网＋社区服务”模式的实施。借助现代信息技术，彭州市打造了“宝山乡村智慧治理中心”，这一中心集成了“乡村大脑＋场景应用＋手机终端”的智慧治理模式。该平台利用大数据、人工智能等先进技术，实现了对乡村治理的全方位监控与智能化管理，提升了公共服务效率，也为村民提供了更加精准、便捷的服务。智慧平台的建设不仅优化了农村管理的效率，还增强了乡村治理的透明度和参与感，确保了群众在现代化治理中的积极参与。

三、全维度命运共同，跑出遥遥领先的加速度

在彭州市，推进乡村振兴的过程中，尤其注重推动全维度的命运共同体建设，着力培养优秀干部和乡村人才，以此为基础加速集体经济的发展。首先，彭州市通过开展公推直选，确保选拔出真正具有感情、了解村情、懂得行业情况并具备实际行动能力的干部。这样一来，村民对选出的干部更具信任感，同时也为干部履职提供了更强的支持。彭州市的公推直选不仅仅是一种选举制度，更是一种深化基层民主，提升村民参与感的有效机制，确保了优秀人才能够进入领导岗位，从而推动村庄的发展和集体经济的高质量发展。此外，彭州市还创新性地搭建了数字化网络学习平台，为乡村干部和村民提供全方位的培训资源。借助宝山村庄发展学院，彭州市形成了一个全面的教育体系，开设了经营管理、文化传承、技能提升等多个课程模块。这些课程的设置不仅关注到干部的工作能力和管理水平的提升，也着眼于乡村文化的传承与创新，使得村干部和乡村人才在多领域内得到系统化、专业化的培养。例如，党建课堂使得干部们能够强化理论学习，文化讲堂则让他们更好地理解并传承本地的传统文化，而美食讲堂和民宿讲堂则提升了他们在现代化乡村产业中的参与度与竞争力。这种多元化的培训体系，不仅培养了更多适应乡村振兴需求的人才，也为乡村集体经济的可持续发展提供了源源不断的动力。

彭州市通过培养和引进多层次、多类型的人才，增强了农村集体经济的创新力和竞争力。到目前为止，共引进了 315 名中专及大专人才，55 名本科及以上学历人才，185 名技术型人才，以及其他各种类型的人才共计 128 人。这些人才不仅为彭州市的产业发展注入了新鲜血液，也为乡村振兴提供了强大的智力支持。技术型人才的引进尤为重要，因为他们能够直接推动农业科技创新与现代化管理，提高农业生产效率，推动产业结构的优化升级。彭州市建立起了一种全维度的命运共同体，不仅让村民和干部实现了共同成长，还在各类人才的共同努力下，跑出了农村经济

和集体经济发展的“加速度”。人才的培养和引进成为推动乡村振兴和集体经济持续发展的核心动力，助力彭州市在现代化乡村建设中遥遥领先。

四、全龄人美好生活，描绘幸福乡村的新画卷

在宝山村的发展蓝图中，“全龄人美好生活”成为构建幸福乡村的重要目标。宝山村秉承产村融合的理念，将公共服务体系建设与美丽乡村打造相结合，以全面提升村民生活质量为核心，努力描绘出一幅充满幸福感的乡村画卷。通过改造提升绿道、水系、风貌等景观，宝山村的自然环境焕然一新，不仅展现了生态之美，更为村民的日常生活增添了舒适与便利。同时，村里搭建了“O2O 社区”生活服务平台，为村民提供更加便捷、高效的线上线下服务，进一步拉近了服务资源与村民需求之间的距离。在社区服务项目的规划与实施上，宝山村紧紧围绕村民的实际需求，精心布局了“宝山医疗中心”“宝山老茶馆”“宝山商业街”和“宝山文化中心”等功能性设施。这些项目从医疗、娱乐、商业和文化等多个维度入手，构建了一个多样化的社区服务体系。例如，“宝山医疗中心”的建立显著提升了社区医疗康复保障水平，为村民提供了从基本诊疗到康复护理的一站式服务。“宝山老茶馆”则通过提供传统饮茶空间，成为村民休闲聚会和交流情感的重要场所。“宝山商业街”的打造让村民的消费需求得到了更好满足，同时也吸引了外来游客，为集体经济发展注入了新的活力。而“宝山文化中心”则成为文化活动的主阵地，通过开展丰富多彩的文艺活动，进一步增强了社区的凝聚力。

为了丰富村民的精神文化生活，宝山村还举办了一系列深受欢迎的节庆活动，例如蔷薇花节和冰雪温泉节。这些活动不仅展示了宝山的自然和文化特色，也吸引了众多游客前来参观，提升了村庄的知名度与影响力。此外，村里还组织运动会、文艺晚会等形式多样的活动，为村民提供了展示才艺和增强邻里关系的机会。这些文化和体育活动，不仅为村民的日常生活增添了乐趣，也充分反映出宝山人对美好生活的追求与坚持。在社会保障方面，宝山村构建了覆盖全龄段的福利体系，真正实现了“学有所教、病有所医、老有所养、群有所归”。通过发放“助学补贴”支持家庭教育开支，提供“养老补助”关爱老年群体，并通过“福利分红”让村民直接分享集体经济发展的红利，宝山村的每一位居民都能感受到共同富裕带来的切实好处。这种全覆盖的福利保障体系，不仅让村民对未来更加充满信心，也为乡村振兴战略的落实提供了有力支撑。

第二节 共治共享型—桂花镇金城社区

共建共治 共享经济

桂花镇金城社区以“123”工作法为引领，建好两委班子，建立协商共治、发展共谋两大平台，组建新乡贤、义工服务、专家人才三支队伍，鼓励群众参与基层治理。作为“龙门山·柒村”精品民宿产业园及湔江河谷功能区打造核心起步区，社区紧抓机遇，以亲子文创旅游产业为主线，引导群众参与民宿产业的发展，通过“集体经济+农户+企业”的共享经济模式发展社区产业，共同发展壮大集体经济。同时，以“同在屋檐下”大家庭文化理念，先后建成了忠孝堂、忠孝广场、文化长廊、时光广场等文化阵地，大力弘扬传统文化，凝聚群众精神共识。2023年，金城社区集体资产已超亿元，实现集体红利收入近260余万元，集体经济实现质的跨步。

乡村建设馆

1. 基本情况

桂花镇金城社区位于彭州市西北部，由原小石社区、庙坪村、涌华村合并而成。面积22.6平方公里，海拔在720米至1637米之间，21个居民小组，常住人口4526人。合村以后，金城社区强化党建引领，注重资源活化，坚持共建共治，以共享模式发展产业，凝聚起群众的精神共识，从一个普通凋敝的乡村变成了明星村，集体经济实现质的跨步。先后获评四川省先进基层党组织和四川省乡村治理示范名村、诚信社区、四好村等称号。

2. 主要做法

（1）党建引领，坚持群众共治。金城社区创新推出了“123”工作法，“1”是建强新的两委班子，强化基层党组织在各项社会治理事务中的领导、统筹、协调功能。“2”是调动群众积极性，搭建协商共治和发展共谋两个平台。“3”是建好新乡贤、义工服务、专家人才三支队伍。同时，社区注重人才引进，先后吸引了来自清华大学、美国哈佛大学等名校的高端人才 6 人，汇聚优秀创业青年、高校大学生、致富能手等人才 100 余人，为社区提供全方位的智慧支撑。自 2018 年起，金城社区连续投入社区保障资金 313 万元、激励资金 400 余万元，带动居民、社会组织共同参与社区治理工作，持续建设以‘同在屋檐下’为理念的社区生活共同体。

（2）瞄准文旅，发展共享经济。金城社区响应国家“绿水青山就是金山银山”的号召，瞄准文旅产业，发展乡村旅游。紧抓“龙门山·柒村”精品民宿产业园及湔江河谷旅游功能区打造机遇，以亲子文创旅游产业为主线，通过“集体经济＋农户＋企业”的共享经济模式发展社区产业。2019 年至今，金城社区先后建成了乡味坊、蜀中糖门、共享民宿、共享菜园、共享厨房、湔江河谷工作站等集体产业，目前山野运动公园、一公里博物馆示范段建设等公共旅游设施也在加紧施工中。据不完全统计，自 2020 年 8 月共享民宿运营以来，金城社区累计收到订单 300 余笔，合计金额超过 30 万元。蜀中糖门已于今年年初全面投入运营，签订首笔合作订单便达 1800 万元，年底可实现集体红利收入近 200 万元。另外，一期投资达 5 亿元、总占地面积 260 余亩的“玖望”文旅项目也成功落户社区。

蜀中糖门

共享民宿——小石记·林宿

（3）文化浸润，凝聚精神共识。金城社区紧紧围绕做好精神共识文章，挖掘“同在屋檐下”大家庭文化理念，以“移风易俗”为引导，以“忠孝”文化为线索，先后建成文化大院、忠孝堂、忠孝广场、文化长廊、时光广场等文化阵地，大力弘扬传统文化精神，以良好家风家训树立和谐家风、文明乡风，打造为彭州市“爱国主义教育基地”，“同在屋檐下”成为了金城社区人文品质社区的新名片。金城社区还通过开展端午诗会、小石年饭等近百场文化活动，不断提升社区群众幸福感、获得感。

文化大院

3. 主要成效

作为一个山区村，曾经的金城社区没有主导经济，村民主要靠外出务工和土地承包经营权流转获得微薄收益，村集体经济为“零”，是“没奔头、没主心骨、没路子”的“三无村”。近年来，通过发展壮大集体经济，金城社区建成小石记·山宿等精品民宿8家，举办金城森林自然生活节等文化旅游活动100余场。2023年，金城社区集体资产已超亿元，实现集体红利收入260余万元，成为“心中有思路、兜里有资源、手上有产业”的“三有”示范社区。

4. 经验启示

(1) 发展壮大集体经济，需要发挥能人带动。发展农村集体经济，需要发挥能人的带动效应，一个能人能树立一个榜样，一个能人能带动一方群众。金城社区在村支书岳付飞的带领下，以“同在屋檐下”的发展理念，坚实结合当地实际，带领百姓共建共治，发展共享经济，重塑了社区面貌。

(2) 发展壮大集体经济，需要拓宽发展思路。金城社区立足自身实际，以资源活化利用为抓手，全面梳理村、社区合并后的闲置资产资源，充分挖掘集体经济资产存量，采用“共享经济”的形式发展民宿产业，将闲置资源活化为产业集聚成势的资本，既能盘活村上的闲置资源，又能让村集体和村民都增收。这启示我们，发展壮大集体经济，思路要清、视野要宽，要充分发挥地方资源优势，发动群众，有力有序推进。

(3) 发展壮大集体经济，需要牢记为民初心。金城社区通过“集体经济+农户+企业”的共享经济模式发展社区产业，其中村集体负责项目申请、基础配套设施完善，村民以房屋、土地等资产进行入股，社会企业通过技术、设备投入及运营管理入股，实现了三方共建、利益共享。发展壮大集体经济的根本目的是要实现和维护好农民的利益，让广大村民真正享受发展的成果。

第三节　区域联动型——小渔洞镇渔江楠社区

渔江楠村地处成都市彭州市湔江河谷旅游度假区核心地带，由渔洞村、江桥村、大楠村三个村合并形成，幅员面积17.4平方公里，辖15个村民小组，村民3100余人。近年来，渔江楠村以“两项改革”为契机，积极整合人员力量、盘活资产资源，探索农村集体经济联营制，构建形成村级集体经济联建联控利益共同体，有力促进合并村集体经济融合发展。2023年，渔江楠村集体资产达1.7亿元，集体控股企业经营收入700万元、盈利200余万元，村集体经济总收入较合并前增长近5倍。先后荣获四川省乡村旅游重点村、四川省乡村振兴示范村、四川省天府旅游名村、四川省乡村文化振兴样板村等荣誉。

一、优化架构，擘画集体经济发展的“路线图”

着眼农村发展现状和市场经营需求，不断优化经营模式、完善分红机制、健全监督体系，基层党组织领导地位进一步加强，集体经济发展路径不断明晰。一是抱团发展，构建“三级经营”。深度融入龙门山镇“1＋2＋N”（即1家一级战略公司＋2家二级发展公司＋N家三级项目公司）集体经济发展格局，通过认缴300万元与10个村（社区）共同成立一级集体经济公司，并与二级发展公司合资成立彭州市鱼凫竹海餐饮文化有限公司、彭州市鱼凫湿地旅游开发有限公司2家三级项目公司。“三级经营”体系集聚镇域发展要素，避免农村集体经济组织直面市场风险，奠定抱团发展坚实基础。二是以股为基，实现“三次分红”。在三级经营体系下，渔江楠村实现了三次分红：第一次为股份分红，由村集体入股的三级项目公司按照持股比例进行分配；第二次为让渡分红，由二级公司将鱼凫湿地等项目分红的30％～50％让渡给村集体；第三次为平均分红，由一级战略公司向入股的11个村（社区）平均分配收益。“三次分红”有效激发村集体经济组织参与项目经营管理的主动性和积极性。三是党建引领，健全“两级监督”。村党委对村集体经济组织及其下属公司实行全面监督，全过程监管“三重一大”事项。村集体经济组织及其下属公司接受镇级集体企业监督指导委员会、村集体经济组织监事会两级监督，监督机构成员不在村集体经济组织领取报酬，项目建设、收益分红等重大事项经监督机构批准后方可实施。根据开发项目实际情况，村集体下属公司接受镇集体经济组织派驻监事，杜绝以权谋私、损公肥私等问题发生。

二、整合力量，绘制集体经济发展的“任务书”

坚持立足实际、精准施策，不断鲜明集体经济发展任务和重点方向，通过“化零为整”整合资源、“人才赋能”强化支撑、“多元参与”凝聚合力，助推农村集体经济打破发展瓶颈。一是摸清家底、盘活资源，提聚发展潜力。全面开展集体资产再清查再核实，对村集体所有或长期交由村集体管护使用的“三类资产”建立管理台账，制定可利用开发资源目录和盘活利用机会清单。结合本地“水鱼竹石”特产，整理荒滩、林盘等自然资源1200余亩，由村集体、镇级公司共同出资2000余万元，投资打造鱼凫湿地、鱼凫竹海等资源利用型项目。二是建好团队、育好人才，提聚发展内力。建立村党委、集体经济组织“双向进入、交叉任职”机制，推动村集体公司职业经理人选聘。建设渔江楠 书院定期开展“文化古蜀”讲座，2023年聚焦党员教育、民宿管家、青年干部等开展专题培训5期，有效提升村干部市场经营管理水平和村民专业技能，实现村民向旅游行业当家人转变。三是多元参与、合作共赢，提聚发展动力。以行业准入负面清单为依据，坚持“村集体经济组织+”多元合作模式，推动“镇村党委+村集体经济组织+社会资本+专业团队”合力发展，通过自主经营及与职业经理人、龙头企业合作等多种方式建设运营项目。目前，渔江楠村引进培育创新创业团队3个，共同打造竹林乡村俱乐部、磨刀石冷水鱼庄、“湖居”民宿等产业项目5个，年经营收入超800万元，镇村集体经济分红达150万元。

三、共建共享，做大集体经济发展的“公约数”

深入践行共建共治共享工作理念，以改善群众生活为落脚点、以群众广泛参与为突破点，实现集体经济发展、基层治理和群众富裕齐头并进。一是创新机制，探索乡村“共建”。探索党建引领“五长共治·邻里共富”村级发展治理模式，鼓励自愿组建习性相仿、荣辱与共的“邻里共富共治”单元，逐级推选产生家长、邻长、里长、监事长、理事长，在集体经济组织成员个体与代表之间形成紧密联系架构，实现集体经济发展全员决策。同时，支持“邻里共富共治”单元以合资、参股等方式融入集体经济发展，激活集体经济发展内生动力。二是提升形态，推动乡村“共享”。积极共享发展红利，支持公共事业发展，每年投入约30万元集体收益用于完善公共配套和改善人居环境，打造“渔江楠十景”，建成生态绿道8公里。举办“鱼凫文化旅游节”、非遗文化节等活动，让村民精神生活更加丰腴，惬意享受“逾江南”和美乡村。三是带动增收，促进乡村“共富”。通过落地壮大村集体经济项目，有力带动周边餐饮、民宿、零售等产业发展，形成种植、务工、经营、房租、房产增值、集体经济组织分红、股份增值收入等七个增收渠道。2023年，渔江楠村接待游客达200万人次以上，旅游产业收入超1亿元，为群众提供就业岗位约600个，新增就业、创业及其他财产性收入约2000余万元。

第四节 村庄经营型——桂花镇蟠龙村

山水环抱、绿树成荫，村道宽敞、楼房林立，家家门前种草栽树，粉刷一新的墙面上，生动的墙绘勾勒出美丽乡村幸福生活的图景。作为一个曾经以煤矿开采为主的“煤矿村”，四川省彭州市桂花镇蟠龙村如今已成功蝶变为乡村旅游“网红村”，而这样的转变，得益于村里的热心志愿者们。他们扎根农村，以广阔天地装扮无悔青春，坚持沉下去、接地气，为村民架起通往小康生活的通道。近年来，蟠龙村依托新时代文明实践站阵地，组建了党员义工队、红白理事会、新村民志愿服务队等7支志愿服务队，注册志愿者近600人，长期开展志愿服务活动改善村容村貌、提升乡风文明，走出了志愿服务与乡村振兴融合发展共促之路。今年7月，2022年度全国学雷锋志愿服务“四个100”先进典型名单公布，蟠龙村获评“最佳志愿服务社区”。

一、“蟠龙课堂”让村庄添活力

“张大姐，你这个手链串得好看!” “老师，帮我看看我这个配色怎么样?”……近日，在蟠龙村日间照料中心，30多名村民围坐在一起学习手工串珠。大家在志愿者的指导下穿珠走线，看着一颗颗小珠子经过自己的双手变成精美的饰品，脸上绽放出灿烂的笑容。“老师指点出来的作品就是不一样，好看得很!”村民周远蓉看着自己的串珠作品笑得合不拢嘴，“希望以后这样的活动能够多多开展[①]。”这样活泼热闹的场景在“蟠龙课堂”上总能看到。据了解，“蟠龙课堂”创办于2019年，起初是由志愿者代表在每周四晚上7点开展以村庄规划设计、社区发展、社会服务为主题的宣讲课堂。新村民志愿服务队的负责人严浩巍向记者介绍：“刚开始开展‘蟠龙课堂’的目的是给村民宣讲政策、提升意识，让村‘两委’班子成

① 王洪平．发展新型农村集体经济应当坚守的法治底线［J］．理论学刊，2023（3）：150－158.

员提升工作能力和工作效率。后来，‘蟠龙课堂’渐渐地干出了成绩，相关部门和社会能人也开始关注蟠龙村，给予了巨大的帮助。后期，‘蟠龙课堂’不仅加入了法律法规、安全教育的相关宣讲内容，还特地引进了串珠、剪纸等手工技能培训，充分调动了村民的积极性。我们惊喜地发现，在寻找‘村需民盼有成果’路径这一方面，‘蟠龙课堂’给出了最好的答案。”如今，蟠龙村每年都要迎接200多批来自全国各地的团队来考察学习，也多次组织合作社骨干、居民代表先后赴雅安邓池沟、雪山村以及陕西袁家村等地考察，借鉴成功做法和先进经验，加速孵化村组织骨干团队。严浩巍透露，新村民志愿服务队还在筹备“蟠龙课堂活水计划”，希望能够完成从基层工作者到村庄操盘手的孵化蜕变，换个角度交出“减负答卷”。

二、“蟠龙家宴”让村风更和睦

“老人年纪大了就和孩子一样需要照顾，细心、贴心、耐心，缺一不可。作为儿媳妇，我觉得我做得很不错!”“我一直把儿媳妇当自己的女儿对待”……每年重阳节前，蟠龙村都会开展“好公婆”“好儿媳”“好邻居”评选活动。与其他地方不同的是，蟠龙村的评选活动是鼓励村民们走上舞台，自荐成为“好公婆”“好儿媳”“好邻居”。台上，村民们滔滔不绝地讲述着亲身经历，台下，乡贤们及志愿服务队队长听得十分认真，时不时还做笔记。蟠龙村村委会副主任钟烈章介绍，蟠龙村十分注重孝道文化的传承，目前村里有10多位100岁以上的老人，79位80岁以上的老人，老人们在村子里时刻都能感受到大家庭的关心和关爱。近年来，蟠龙村不断营造睦邻友好氛围，构建和谐邻里关系，助推乡风民风日益良好、德治教化明显增强。村里的“村魂”志愿服务队下设红白理事会、乡贤之家等自治组织，积极开展移风易俗、家风家训和社会主义核心价值观活动，先后举行“好公婆”“好儿媳”“蟠龙好人”“蟠龙好家风”等评选表彰活动，涌现出“好儿媳”56名、“蟠龙好人”282名以及各类“文明户”403户，收集整理“蟠龙好家风”100余条。钟烈章表示，从2015年开始举办的“蟠龙家宴”团年饭活动，让全村老少聚在一起吃顿简餐，不仅提升了村民的归属感、认同感和幸福感，还起到了教育群众自觉厉行勤俭节约、倡导文明风尚的作用。

三、“五户联助”让治理更有效

“快点儿走，今天可以免费剪头发，赶快去排队哦!”近日，村民邓旭仁听说“爱心理发室”再次开展志愿服务活动的消息后，连忙放下手里的活儿往日间照料中心赶。理完发，邓旭仁对志愿者连连道谢：“天气这么热，志愿者一直站着为我们服务，真是辛苦了。”“爱心理发室”是蟠龙村为村里60岁以上的老人长期开展的“爱心义剪”志愿服务活动，也是蟠龙村常态化开展志愿服务活动的一个缩影。为鼓励村民积极参加志愿服务活动，蟠龙村还创新打造了“五户联助”模式。该模式为五个家庭通过自由组合形成一个“共建共享单元”，并推选一名代表成为新时代文明实践网格员，兼具议事投票、上传下达、卫生监督、问题解决等职能。为有效提高五户代表的参与度，蟠龙村新时代文明实践站结合新时代文明实践“六单”工作法，建立贡献卡制度并实施奖励。在五户代表志愿者们的影响下，村民主动参与集体事务的积极性激增，群众自治提质增效。如今的蟠龙村，依托各个志愿服务队建阵织网，进一步凝聚群众、引导群众，服务群众，逐渐显现出“思想活，路子宽，产业旺，村庄美”的良好态势。

第五节　资产盘活型—葛仙山镇云居村

盘活资产、入股联营

云居村盘活集体闲置资源，以3亩“坛罐窑”集体建设用地为基础，联合葡萄基地，筹资380万元，建设集餐饮民宿、采摘体验、休闲观光、自然教育为一体的“建新农旅休闲体验科教园提档升级项目”，引进社会经营主体以租赁形式参与运营。积极推进宅基地有偿腾退试点改革，引进四川龙门山文化旅游发展有限公司与村集体经济组织合作，投资1.2亿元建设“林野. 杏林”中医主题村项目。云居村目前已实现村集体经济收入近500万元，“家门口”就业500余人，村民的收入翻番，探索出一条“日子甜・人心齐・村庄美・咏云居”的集体经济发展新路径。

云居村乡村风貌

1. 基本情况

葛仙山镇云居村幅员面积 10.6 平方公里，由原建新村和原大曲村合并而成，现有 14 个村民小组，总人口 3694 人，村党委下设 6 个党支部，有正式党员 128 名。域内有桑葚、葡萄、樱桃等百亩优质农产品，有国家一级文物保护单位云居院塔。先后被评为成都市乡村振兴示范村、成都市示范社区、成都市先进基层党组织。云居村在党建引领下通过夯实组织、盘活资源资产，发展壮大集体经济。

2. 主要做法

（1）党建引领，凝聚合力。云居村坚持“围绕发展抓党建，抓好党建促发展”的工作思路，通过建立健全党员干部包联责任机制，对 131 名党员干部设岗定责，以结对帮扶的方式，夯实组织基础，凝聚发展合力，形成“党委牵引、党员带头、群众参与”的全方位立体作战网络格局，推动集体经济发展。

（2）资本引入，盘活资产。云居村坚持开放共享的理念，借助自身资源与地缘优势，引入文旅项目、社会资本，实现共同发展、合作共赢。一是盘活集体闲置资源，以 3 亩“坛罐窑”集体建设用地为基础，联合葡萄基地，筹资 380 万元，建设集餐饮民宿、采摘体验、休闲观光、自然教育为一体的“建新农旅休闲体验科教园提档升级项目”，现以引进社会经营主体租赁形式参与运营。二是积极推进宅基地有偿腾退试点改革工作，实现资产盘活和资本增值，云居村引进四川龙门山文化旅游发展有限公司与村集体经济组织合作，投资 1.2 亿元建设“林野. 杏林”中医主题村项目，促进集体资产和社会资本的有效融合。该项目主要进行乡野休闲带、民宿区（养生主题院落）、会客区（乡村振兴展厅、中医药博物馆、中医培训学校）、大田区（稻药共生田、古法制药坊、药食同源田）等的建设。

3. 主要成效

云居村在党建引领下通过夯实组织、盘活资源资产发展壮大集体经济，积极发展民宿、运动、休闲、观光、医养等产业，实现村集体经济收入近 500 万元，通过宅基地腾退、人居环境提升、消费场景营造及乡村旅游项目的有效运营，实现“家门口”就业 500 余人，村民的收入翻番，探索出一条“日子甜・人心齐・村庄美・咏云居”的集体经济发展新路径。

4. 经验启示

（1）发展壮大集体经济，党建引领是根本。发展壮大集体经济必须坚持以党建为引领，充分发挥基层党组织的战斗堡垒作用和党员干部的先锋模范作用。要坚持打地基强基础，把基层党组织建成发展壮大村集体经济的“主心骨”。要通过切实强化农村基层党组织的政治功能，提升农村基层党组织的政治领导力，充分发挥党组织的政治优势。基层党组织应当把实现好、维护好、发展好广大农民的根本利益作为发展壮大集体经济的根本出发点和落脚点。

（2）发展壮大集体经济，资产盘活是动力。云居村探索有偿腾退、以房出租、以房入股等多种方式，努力盘活现有的村集体资产，因地制宜，深挖潜力，发展中草药种植，借助外力，促进农业与文化旅游、健康养老等产业互动互通互融，拉动旅游、民宿三产业的收益，逐步呈现“农旅一体、产村相融、一三互动”的文化旅游格局。这充分启示我们，发展壮大集体经济，资产盘活是动力，要因地制宜、科学谋划，将资源优势转化为经济优势，做大村集体经济规模，提高集体经济质量。

第六节　租赁经营型—白鹿镇白鹿场社区

盘活资产、出租物业

鹿场社区依托丰富的旅游资源，盘活集体资产，成立居民100%参与的彭州市白鹿场雁江金桥集体资产管理有限公司，通过租赁店铺、小木屋进行旅游服务、商品销售，发展“音乐＋旅游”产业，其核心是集体资产的盘活基础上通过物业出租实现农户、居民集体收益的实现，并通过集体资产管理有限公司——基于村社集体自治基础上的市场化运作模式，推动了农民共有集体股份、共享集体收益、共营集体资产，实现了百姓自我管理。

天府旅游名镇——白鹿镇

1. 基本情况

白鹿场社区地处白鹿镇国家4A级旅游核心景区，辖区内16个农村小组，1个居民小组，居民1459户，户籍人口3670人，常住人口4186人。辖区群众从震前依靠传统农业、外出务工、煤矿、矿山务工等传统增收方式，转变为震后依靠住房租赁、旅游服务、特产加工贩卖等多元增收方式人均年收入同比增长15%，参与旅游产业比例达 80%以上。

2. **主要做法**

(1) 一核引领，建强组织堡垒。强化村党委的核心领导作用，一是突出组织覆盖。白鹿场社区党委下设旅游业党支部，积极鼓励有条件的党员及群众发展白鹿民宿，扩大了旅游接待能力，切实为群众增加了收入；种养业党支部，鼓励在种植上有经验的党员及群众，大力发展三木药材及猕猴桃种植；外出党员党支部，通过建立微信群，加强对外出党员的联系，了解他们的工作及增收情况，并向他们通报有关方针、政策，和白鹿的发展情况。各支部结合自身实际，发展集吃住行游购娱一体的旅游产业和服务于旅游产业的现代农业，不断提高景区接待能力。二是突出工作覆盖。以“五个一”（设置一个流入/外来党员服务点、组建一支党员志愿服务队、设立一批党员志愿服务岗、授牌一批党员诚信经营示范店、表彰一批优秀共产党员）拓宽工作覆盖面，夯实党组织战斗堡垒作用和党员先锋模范作用。

(2) 多元参与，强化和谐干群关系。以“美邻学、美邻议、美邻聚、美邻扶、美邻乐”活动为抓手，创建“舒心、放心、怡心、安心、爱心”社区，先后成立自治组织 5 个，自组织 5 个，全年开展活动 30 余次，助老扶弱 400 余人次，组建文化志愿服务队，定期开展百姓故事会、道德讲堂，才艺交流会，商家协会月聚，设立社区帮扶驿站，乡村音乐驿站周末课堂。推行“街、巷长制”，完善“街、巷长制”相关制度，经议事会进行表决选出街、巷长，设立公示牌将街、巷长基本情况及联系电话进行公示，不断提高群众知晓率和满意度。

(3) 狠抓发展，壮大集体经济。2018 年 2 月 12 日，白鹿场社区成立了居民 100%参与的彭州市白鹿场雁江金桥集体资产管理有限公司，融资 130 万元，租赁店铺、小木屋进行旅游服务、商品销售，发展“音乐+旅游”产业，平均每年收入约 20 万元，增加就业岗位 10 个。同时示范引导社区居民、商家和返乡创业者，积极探索乡村振兴新举措，并通过全面盘整各类资源，不断激发乡村振兴发展的产业活力。

以法国风情为特点打造的特色景象

普罗旺斯特色经典民宿

独具法国风情的餐饮环境

（4）协同共兴，开创美好未来。一是实现干群关系和谐融洽。以“我为群众办实事”等活动为载体，严格落实联系服务群众制度，将班子成员分工及电话、镇纪委举报方式在全镇范围公示，村干部分工及电话、议事会成员联系群众情况及电话公示到和集中居住区，直接接受群众询问和举报，使各项工作在阳光下进行。二是实现一三产业互动发展。在党总支的领导下，各支部结合自身实际，发展集吃住行游购娱一体的旅游产业，拓宽景区接待能力，实现引得进留得下游客。发展服务于旅游产业的现代农业，扩建猕猴桃种植基地，建立水果采摘基地，吸引游客参与互动体验，增加农产品附加值，助农增收。

3. 主要成效

白鹿场社区按50%、30%、20%比例分别建立居（股）民分红基金、社区治理公益金、扩大再生产公积金，实现集体资产的不断突破，带动社区群众增收致富。2018年被成都市委组织部授予“城乡社区发展治理示范点”；2018年6月被彭州市委组织部授予“先进党组织”；2018年7月被成都市委组织部授予“蓉城先锋·基层党组织”；2019年入选成都市“百佳示范社区”、“成都市乡村振兴示范村（社区）”；2021年被成都市委社治委命名为“国际化社区”和音乐文化主题社区。

4. 经验启示

（1）发展壮大集体经济，必须要坚持党建引领。白鹿场社区始终将党建引领贯穿全程，把建强一个战斗堡垒作为推动集体经济振兴的“定盘星”。把党建工作放到产业发展大局中去谋划、去部署、去落实，将发展壮大村级集体与产业发展，与乡村振兴等工作有机结合，科学合理制定工作方案。党建引领与产业振兴同抓，通过强化示范带动、健全制度机制、盘活资产资源、积极探索在村党组织领导下发展产业的新路子、新模式，不断发展壮大农村集体经济。

（2）发展壮大集体经济，必须要依托资源，提升造血能力。因地制宜，依托丰富的旅游资源，盘活集体资产，提高社区造血功能。通过租赁店铺、小木屋进行旅游服务、商品销售，发展“音乐＋旅游”产业，带动群众增收致富。

第七节 平台孵化型—濛阳街道丰碑村

搭建平台、多元合作

丰碑村位于濛阳街道北端，集体经济组织支部开发利用全村资源搭建发展平台，集体资产管理有限公司支部负责平台运行，以丰碑利民集体资产管理公司为载体，通过搭建土地流转平台、农教培训平台、技术服务平台、线上线下销售平台等，实现集体、公司、家庭农场、农户等多元主体的深度合作，打通职能部门服务农户渠道，实现村集体资产的保值增值。

1. 基本情况

丰碑村位于濛阳街道北端，东临金凤村、南临普华村、西临北平村、北与清圣村接壤，幅员面积5.4平方公里，耕地面积6565亩，辖31个村民小组，共1622户4945人。截至目前，人均年收入已达2.6万余元。现正着眼于以蔬菜产业为支柱增收致富，向依托蔬菜产业链形态构建一二三产业融合发展的新业态新环境。

2. 主要做法

（1）四级组织建设强化党建引带作用。2005—2020年，丰碑村以蔬菜产销专业合作社为着力点，先行先试积极探索集体经济发展途径。2020年，村党支部发展为村党委后，建成村党委、集体经济组织支部、集体资产管理有限公司支部、农业合作社支部四级组织，村党委结合村庄规划做好村经济发展顶层设计，集体经济组织支部开发利用全村资源搭建发展平台，集体资产管理有限公司支部负责平台运行，农业合作社支部强化蔬菜产业龙头示范带动作用。

（2）成长平台搭建拓宽产业发展渠道。以丰碑利民集体资产管理公司为载体，一是搭建土地流转平台；二是搭建农教培训平台，大幅提升村民种植技能；三是搭建技术服务平台，利用合作社与四川省农科院、川农大鉴定合作关系，对种植大户、家庭农场、域外种植基地开展田间种植技术服务，培养技术骨干8名；四是搭建线上线下销售平台，党建结对在成都市成华区建成“绿好鲜”生鲜超市两个，月蔬菜销售额80余万元；支持大学生创业，搭建丰碑电商平台月蔬菜销售额100余万元。五是开拓渠道，打通职能部门服务农户渠道，争取政府信息渠道与农户之间共享；搭建市场与农户产品销售渠道，利用合作社现有资源获得销售信息。

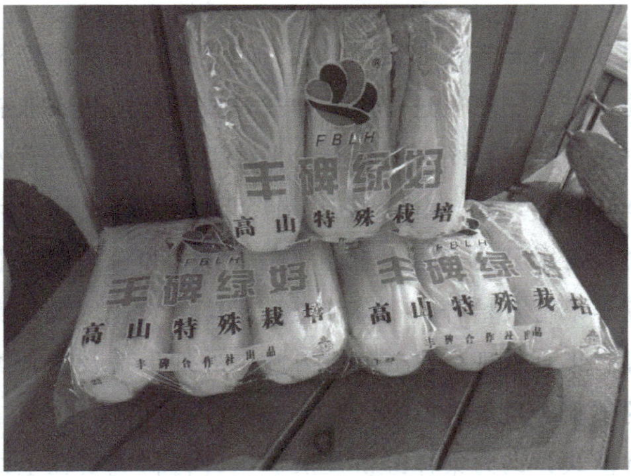

依托平台销售本地特色蔬菜

丰碑村特色蔬菜介绍

（3）开发利用集体资源壮大集体经济。丰碑村利民集体资产管理有限公司通过核查全村“三资”，量化股份，村民全员参与，实现从村民向股民的转变，享有表决、分红等权益，进一步实践双身份基层治理新模式，聘请和组建了一支专业化的运营团队，通过招商引资，产业发展，实现村集体资产的保值和增值，同时助推了丰碑村“四位一体”多元化发展。目前集体经济公司流转土地320亩打造“蔬乡智谷”项目，总投资500余万元，启动丰碑电商平台、教培中心建设（2300 m^2），总投资290万元。

（4）社会化服务主体补齐农业发展短板。一是合作社对丰碑村培育的新型经营主体种植蔬菜产前、产中、产后进行服务；二是成都锦鸿腾农业有限公司采取“网店＋公司＋基地＋农户”实行统一经营与分散经营相结合的经营发展模式，达到每月销售农产品100吨左右，月销售金额达80余万元，解决就业问题300人；三是四川豪合翼环境科技有限公司运用生态能源工程技术和有机肥农业生产技术，开发利用畜禽粪便、废弃果蔬及秸秆、蔬菜加工厂尾菜等农业垃圾，实现农业垃圾的资源化、无害化处置。年可处理畜禽粪便1万吨，处理果蔬及秸秆类垃圾2万吨，其他经垃圾分类后的塑料等垃圾5000吨，可处理农业垃圾共计35000吨。

（5）优化运行模式，助力集体经济发展。丰碑村村党委在上级的指导下，实施集体经济组织以集体资产为本底，按村人口总数平均量化成股到人，以流转土地、土地入股、现金入股扩大集体经济容量；集体资产管理公司以建固定资产搭建平台招租社会资本经营降低风控成本，实现年年分红的目标。探索“双身份”治理下的141＋经济发展模式。目前，本村村民及两家社会资本已与丰碑村利民集体资产管理公司达成意向性入股投资3千余万元，围绕“蔬香智谷”项目实施农商文旅体一体化产业配套项目，集蔬菜加工、教育培训、观光体验、庭院民俗等功能，扩大丰碑村经济营收和社会效益。

3. 主要成效

2015年，丰碑村龙头企业《彭州市三界丰碑蔬菜产销专业合作社》被国家七部委评为“全国示范农民合作社”，2018年丰碑村被荣获为省级“四好村”，2019年丰碑村被评为彭州市“高品质和谐宜居生活”示范村，成都市“厕所革命”示范村，成都市“乡村振兴”示范村，2020年被彭州市选定为农业发展示范点，2021年丰碑村打造“成都市示范社区”，成功创建为成都市“百佳社区”。2021年濛阳街道投入20万元进行丰碑村蔬菜产业产业规划，即将丰碑村建设成为“菜香千万里·幸福百姓家”的农业产业强村。2021年成功被确定为“成都市10万亩高标准农田建设”点位，预计投入资金3500余万元建设“上有宝山·下有丰碑”的蔬菜产业功能园区，壮大村集体经济发展。

4. 经验启示

由“村民”转变为“股东”，发展壮大集体经济。丰碑村成立丰碑利民集体资产管理有限公司，通过核查全村“三资”，量化股份，村民全员参与，实现村民向股东的转变，享有表决、分红等权益。丰碑村核查“三资”、量化股份，村民全员参与成立丰碑利民集体资产管理有限公司，实现村民向股东的转变。集体资产管理有限公司组建专业运营团队，搭建孵化平台，培养人才和经营主体。目前，集体资产管理有限公司投资建设了蔬香智谷、电商平台、教培中心，参股了种植育苗场、蔬菜冻库，培育家庭农场和专业合作社 7 个，不断提升村民的现代化经营意识，将现代化的经营思维和先进的农业技术融入到全村的农业经济发展中，推动了全村的经济发展和社会治理工作。

第八节　飞地联创型—天彭街道人和社区

三级联动、飞地组团

彭州市天彭街道打破资源地域限制，通过整合闲置资产、集体资金、生态资源，探索多社区跨区域合作“飞地联创”模式，共建“西花町”城乡融合发展综合体，发展壮大集体经济。天彭街道牵头成立“西花町”社区联合体，探索建立街道、驻地社区、入驻企业三级联动机制，构建“1＋2＋N”运管模式，由驻地“人和”社区担任社联体管理员，提供土地、房屋等基础要素保障，东林、西海等 6 个社区作为社联体成员入驻，提供资金、商业资源等发展要素保障；通过社联体积聚优势资源和发展机遇，联合打造“西花町”区域品牌。目前，已成立社区社会企业 23 家，推动项目落地 19 个，撬动各类资金 1500 余万元，有效破解了村（社区）因发展模式单一造成的资源浪费、资金短缺、人才缺失、投资短视等难题。

“西花町”区域品牌

1. **基本情况**

天彭街道位于成都平原西北部，是彭州市委、市政府所在地，是全市政治、商贸、文化中心和交通枢纽。全镇幅员面积 86.3 平方公里，现有户籍 18.6 万人，常住人口 28.3 万人，现辖 40 个社区，5 个村。“西花町”项目位于彭州市天彭街道，规划核心业态区 65 亩，资源延伸区 500 余亩，已入驻社区社会企业 23 家，推动项目落地 19 个，撬动各类资金 1500 余万元。

2. **主要做法**

（1）挖掘发展潜力，推进“社区资源”优势互补。针对街道各社区产业承载地缺乏、资源配置不均、优势资源闲置等问题，天彭街道统筹资源要素，为多社区跨区域合作抱团发展打下坚实基础。一是活化“闲置资源”为“特色资产”。依托川西林盘良好生态基底，选定撂荒土地、闲置房屋较多的“人和”社区集体土地作为“西花町”项目建设用地，全面摸清房屋、林盘、沟渠等资源底数，合计整理出集体建设用地 30 余亩，林盘资源 10 余亩，可利用建筑面积 1.6 万余平方米，以花圃、竹林、荷塘等原生资源为锚点进行绿色发展规划，打造“原乡味、可持续”川西林盘风貌区。二是撬动“社会资金”为“发展本金”。为打破资金供需壁垒，天彭街道放宽资本参营标准，采用“集体控股、社会参股”的经营模式，成立社区企业 23 家，引进社会资金 500 余万元。引入市场化运作机制、民主监督机制和财务独立核算机制，表决产生社区企业监事会，按月召开议事会，公开企业账目和运行情况。三是巧变“区位优势”为“竞争优势”。立足“西花町”错落有致的典型川西林盘自然环境，充分发挥毗邻高铁站和交通枢纽站交汇处的区位优势，主动融入城市 TOD 和山地旅游规划，在原有雷竹、花卉等产业基础上，植入体育、文化、休闲等业态，打造“花椒鱼”“拈花笑”等餐饮品牌，建设“1＋N”复合型空间，弥补城市缺失的生态服务功能。

“西花町”特色风貌（一）

“西花町”特色风貌（二）

（2）坚持聚势发展，探索“政社企”运管模式。索街道、驻地社区、入驻企业三方“凑份子”抱团发展，构建“1＋2＋N”运管模式，发展壮大集体经济。一是加强引导靠前服务。街道党工委牵头做好区域发展规划，因地制宜探索发展模式，链接优质资源和项目。街道项目办落实发展规划，牵头做好项目发包、施工监督、竣工验收系列工作。驻地社区党委落实管理职责，成立管理队伍、制定管理规范，协调政府、居民、企业、商家、游客五方关系。二是社区整合资源抱团发展。成立“西花町”社区联合体，由驻地“人和”社区担任社联体管理员，提供土地、房屋等基础要素保障，东林、西海等 6 个社区作为社联体成员入驻，提供资金、商业资源等发展要素保障。通过社联体积聚优势资源和发展机遇，联合打造“西花町”区域品牌。三是商户组建联盟互促共进。通过公开招商、综合评定等方式提高商户准入标准，成立商家联盟，制定商户公约，所有经营活动同步接受主管部门管理和联盟治理单元监督。建立商户警示淘汰机制，对综合环境卫生、产品质量、服务水平、投诉建议、跟踪服务 5 方面实施月度五星评定，连续 3 个月 3 星以下的警示，连续 6 个月 3 星以下的退出。

（3）聚焦“三生”融合，创新“群众参与”有效路径。培育产业融合发展新业态，创新群众参与新机制，推动一三产业深度融合，实现生产、生态、生活协调持续发展。一是生产利益共享。激励入驻商户面向本地居民开展职业技能培训，优先招收本地居民务工，解决就业难题。鼓励居民自主发展产业，融入“西花町”产业循环链条，带动居民增收，优化产业布局。完善利益共享机制，在集体资产保值基础上，溢价收益按照固定比率计入“西花町公基金”公益基金池，其余部分按照居民代表大会决议予以分红。二是生态场景共营。贯彻绿色发展理念，试点“内循环”采购招聘模式，开辟“生态菜源”，依靠雷竹、花卉基地逐步实现原材料自产自销。围绕“西花町”总体设计，将周边村（社区）纳入资源延伸区规划，充分挖掘自然、人文和生态场景资源附加值，划分生态运动、农事体验等不同功能区，打造“从中笑”运动会、“知五谷”农事亲子游、“勤四体”综合素质拓展等系列生态场景主题活动品牌，实现一三产业联动增收。三是生活空间共治。创新居民参与机制，制定院落公约、门前五包等管理办法，定期开展卫生户、文明户流动红旗评比活动，以院坝会、茶话会等方式征集群众治理意见。围绕服务商家、居民、游客，综合选择热心居民、党员代表、商盟成员组成环境、秩序、文明三支精细化管理队伍，深化“吹哨报道，派单评价”问题化解机制，负责环境卫生监督、秩序维护、文明劝导等工作，实现共治、共享、共赢。

3. 主要成效

2021 年，“西花町”集体经济实现盈利 300 万元，带动创业就业 116 人，人和社区居民及务工群众人均增收 2.1 万元。仅餐饮板块实现日均接待游客 2300 余人次，日营业额 25 万余元；招收社区居民务工 37 人，人均年增收逾 2 万元。

4. 经验启示

（1）“飞地模式”是村集体经济发展的重要思路。“飞地模式”将村与村之间的土地、人力、技术、市场等优势资源进行整合，有效解决了独村产业规模化程度不高，产品市场竞争力不强，品牌化效益化不高等问题。“飞地模式”的经验启示我们，农村集体经济发展可以突破村域界限，跳出集体经济单村发展的模式，既可以村村合作的方式构建集体经济联合社，也可以鼓励和引导村集体突破本村范围发展飞地经济，从而让分散于不同村集体的各种资源实现有效整合。

（2）共建共享是村集体经济发展的动力和重要目的。在村集体经济的发展中，既要倡导“共建”，又要倡导“共享”。“共建”是指要充分发挥农民的主体地位，引导农民积极参与村集体经济的发展，农民的积极性和参与度决定了农村集体经济是否能够持续发展。“共享”是指完善利益联结机制，将村集体经济的发展成果用于回馈农民、反哺农民，满足农民对于乡村环境卫生整治、通村通组道路建设、福利保障等各种现实需求，同时，带领农民实现增收致富，走向共同富裕。

第九节　产业发展型—丽春镇景林村

村企联建、产村融合

丽春镇景林村村集体充分发挥资源优势，与企业合作，以产业化经营为载体，实现产业与美丽乡村建设的融合共生发展。将兰花产业作为经济增长的新抓手，采取“集体土地入股＋社会资本引入”的模式，投资近 1 亿元，打造占地 70 亩丽景兰业项目。同时，深挖兰花文化内涵，全面提升“吃住行游购娱”品质，推动兰花产业与农商文旅融合发展。丽景兰业项目已成功创建四川省兰花种植基地，成为了西南最大兰花交易市场，带动了景林村 80 余户农户专业从事兰草种植与经销，农户户均增收 5 万元。

1. 基本情况

景林村位于丽春镇最东部，全村幅员面积 5.1 平方公里，耕地 5617 亩，村民小组 20 个，常住人口 6233 人。景林村把兰花产业作为主打产业，打造“一村一特色”的产业模式，实行农业供给侧结构性改革，以兰花种植为主，结合餐饮、民宿，打造独特的乡村生态休闲旅游，促进一三产业融合发展，多渠道增加农民收入。

2. 主要做法

（1）坚持党建引领。由镇党委牵头，选派农业致富带头人担任村支部副书记，创办了景林丽景兰花农民专业合作社。合作社集中承包土地，村民以股份量化加入，构建“党委推动＋干部带动＋党群互动”的兰花产业发展格局。目前已有 80 余户村民入股 75 亩，投入资金 400 万元，户均每年增收 5 万元。

（2）打造产业高地。将兰花产业作为经济增长的新抓手，采取“集体土地入股＋社会资本引入”的模式，投资近 1 亿元，在天桂路西侧打造出占地 70 亩丽景兰业项目。项目区内已建成“前店后坊”的兰商工作室 85 个、兰花展厅 1 个、总建筑面积达 4000 m^2，共入驻兰商 100 余户，年平均培育兰草 40 余万株，2021 年上半年产值达 3000 万元。

（3）推进产业融合。深挖兰花文化内涵，加快对 70 亩核心种植区的提档升级和 330 亩文旅融合区的科学规划，分设东方花堂、兰味会馆、兰宿行馆、坐望兰舟等 10 个主题区域，全面提升“吃住行游购娱”品质，推动兰花产业与农商文旅融合发展。

3. 主要成效

景林村打造的丽景兰业项目已成功创建四川省兰花种植基地，成为了西南最大兰花交易市场，连续三年举办兰花展览活动，产品面向全国供应。丽景兰业带动了景林村 80 余户农户专业从事兰草种植与经销，更吸引了周边几百人从事兰花种植、销售。比起传统农业种植，兰花种植经销农户户均增收 3 万元左右。

4. 经验启示

（1）建强堡垒是壮大村级集体经济的根本路径。景林村引进返乡能人担任村干部，选优配强“两委”班子，增加村集体经济发展的后劲，村组织领导强了，村集体经济的发展有思路、有创见、为发展壮大集体经济打下了坚强的保障。发展壮大集体经济必须持之以恒提升农村基层党组织的组织力，充分发挥基层党组织的主体功能，切实把党的基层组织建强建好。

（2）发展产业是壮大村级集体经济的重要抓手。景林村依托自身资源，找准方法路径，大力发展兰花产业，以兰花经营和兰花种植为依托，使用多种途径增加了农民收入，有效地组织了群众、发动了群众，为群众带来了收益。发展产业是壮大集体经济的重要抓手，必须根据各村不同的资源禀赋、区位特点、产业优势，积极探索多类型、多渠道、多元化的村集体经济发展壮大新路径。

第八章　彭州市农村集体经济探索发展的经验启示

彭州市在农村集体经济发展过程中，积累了许多宝贵的经验，这些经验为其他地区提供了有益的借鉴。推动产业化发展是提升集体经济效益的重要途径，彭州市通过加快农业现代化、促进产业链延伸和市场化运营，实现了经济效益的稳步增长。注重资源集约化管理和数字化转型，彭州市通过推动土地流转、数字农业等创新手段，实现了高效资源利用和生产方式的现代化。深化村企合作和构建强有力的基层治理体系，增强了集体经济发展的内生动力和社会支持。通过多维度政策保障、技术支持和人才引进，彭州市不断优化集体经济的结构与发展路径。

第一节　党建引领是农村集体经济发展的根本保障

党组织在农村集体经济发展中起到核心作用，通过加强党组织建设，提升集体经济组织的领导力，确保各项政策落地生根。党建工作不仅为集体经济发展指明了方向，还促进了村民的团结与合作，增强了集体经济的凝聚力。党组织通过引领创新、推动多元化产业发展，使农村经济不断迈向现代化，形成了强大的发展合力。

一、加强党组织建设

（一）加强党组织的制度化建设

强化党组织建设的基础是完善制度化建设。通过规范党组织的工作流程，明确职责分工，确保党组织在集体经济中的核心作用。党组织需结合实际情况，制定切实可行的发展规划，强化对基层党组织的监督与管理，提升党员的责任感和集体经济组织的运行效率[①]。制度化建设使得党组织能够更加有效地发挥组织动员和决策能力，从而为集体经济发展提供稳定的领导保障。

（二）增强党员的带头作用

党组织的领导力不仅体现在决策层面，更体现在基层党员的带头作用。通过选拔培养一批优秀的党员骨干，发挥他们在集体经济中的先锋模范作用，推动村民积极参与到集体经济发展中。党员在产业发展、资源整合、项目实施等方面发挥引领作用，带动其他村民共同致富。党组织应通过定期培训和学习交流，提升党员的综合素质，让他们在集体经济发展中起到引领示范作用。

（三）加强党组织的服务功能

党组织在促进集体经济发展过程中，必须注重服务功能的提升。党组织应为农民提供更有效的政策支持和技术指导，帮助解决生产中的难题，推动资源的合理配置。此外，党组织还应关注农民的需求，倾听村民的声音，积极推动农村集体经济的利益共享，确保集体经济的成果能够惠及全体村民。通过这些服务，党组织不仅提升了村民对集体经济的认同感，也增强了党组织的社会影响力。

（四）加强党组织与企业的协同合作

为了提高农村集体经济的整体发展水平，党组织需要加强与企业之间的协同合作。党组织可以利用政府的政策扶持和企业的资金、技术等资源，推动集体经济与外部资源的整合。通过推动合作，共同开发农村资源，拓宽集体经济的融资渠道，增加项目的执行力度。党组织在此过程中发挥协调作用，确保集体经济项目能够顺利实施，从而推动经济的高效、可持续发展。

---

① 龚燕玲，高静，刘畅．新型农村集体经济发展的逻辑进路与案例剖析［J］．农林经济管理学报，2023，22（4）：478－486．

二、党组织推动政策落实，确保集体经济发展稳定

（一）加强政策解读与宣传，提升村民政策知晓度

党组织通过定期组织政策宣讲活动，深入基层，确保村民充分理解和掌握国家和地方政策的精神及内容。通过召开村民大会、发放政策资料等方式，向群众传递最新的政策信息，帮助他们了解政策的红利与支持措施，提升村民的政策知晓度。这种政策宣传与解读能够增强村民参与集体经济的积极性，使他们在发展过程中享受到更多的政策福利，确保集体经济能顺利实施。

（二）推动政策资源的精准对接与落地

党组织通过加强沟通与协调，推动政策资源与集体经济的精准对接。党组织能够将政策资源引导到最需要的地方，确保资金、技术、人才等资源得到有效配置。党组织要定期与企业对接，及时了解政策变化并推动政策落地，确保集体经济在发展过程中获得政策扶持，从而确保经济活动的顺利开展并提升发展稳定性。

（三）搭建平台推动政策实施，整合各方力量

党组织可以通过搭建村企合作平台、农民合作社等渠道，将政策红利转化为切实的行动。通过平台整合各方力量，党组织可以促进资金、企业技术、农民劳动力的高效结合，推动政策落实到具体项目和产业中。无论是推动基础设施建设，还是发展绿色农业，党组织在搭建平台过程中能够发挥核心作用，确保政策在集体经济中有序实施，为村民创造实际收益。

（四）加强监督检查，确保政策执行不偏离方向

党组织还需通过完善的监督机制，确保政策执行的有效性与透明度。党组织应定期开展政策执行情况的检查，确保政策在集体经济中的落实没有偏差。通过对项目资金、资源分配、工作进展等方面的监督，党组织能够及时发现问题并加以纠正，确保政策执行不走样。此外，党组织还可以通过基层民主决策机制，鼓励村民参与监督，提升政策执行的公信力与透明度。

三、党组织促进村民团结，增强集体经济发展合力

（一）党员发挥先锋作用，引领集体经济发展

党组织通过发挥党员的先锋模范作用，激发村民的集体参与意识。在集体经济项目中，党员应带头发展产业，示范带动其他村民参与，并通过自己的努力与成果让村民看到集体经济发展的潜力。党员的模范行为不仅有助于提升村民的工作热情，还能通过榜样效应鼓励更多村民参与到集体经济建设中，从而形成强大的发展合力。

（二）加强党群活动，增强村民的认同感

党组织通过开展党群活动、文化娱乐活动等形式，增强村民对集体经济的认同感与参与感。通过组织党员与村民共同参与集体活动，如集体劳动、文体活动等，增进彼此之间的互动与沟通，强化集体经济项目的社会认同。通过活动，党员和村民可以形成更加紧密的关系，促进集体经济项目在村民中得到广泛的支持与认可。

（三）加强村务公开，提升集体经济透明度

党组织通过推动村务公开，增强集体经济管理的透明度，提升村民的信任感。通过定期公开经济发展状况、项目进展和资金使用情况，让村民知晓集体经济的运营状况，从而增强他们的参与热情与责任感。透明的管理让村民对集体经济的投入有更多的信心，有助于形成共同支持和推动集体经济发展的合力。

（四）通过团结协作，增强集体经济发展的凝聚力

党组织通过协调村内各方力量，促进团结合作。党组织可通过设置工作小组、调解争议、组织协商等方式，调动各方力量共同推进集体经济项目的实施。通过构建合作与信任的社会环境，党组织可以有效化解分歧，凝聚村民的共识，使集体经济的各项工作顺利推进，增强全村的共同发展动力。

四、党组织培育农村经济新动能，推动集体经济多元化

（一）引导现代农业技术推广，提升集体经济生产力

党组织通过引导乡村引进现代农业技术，推动集体经济向科技化、智能化转型。通过组织农业技术培训和实地示范，党组织帮助农民掌握先进的农业生产技术，提高农产品的产量与质量。党组织还支持农业科技企业与集体经济的对接，推动技术创新与应用，从而促进农业产业的转型升级，为集体经济注入新的增长动力。

（二）推动乡村旅游发展，打造多元化经济模式

党组织通过推动乡村旅游产业的发展，为集体经济增添新动能。结合本地自然资源和文化遗产，党组织组织村民开发特色旅游项目，如农家乐、民宿、生态旅游等，吸引城市游客消费，提升集体经济的盈利水平。同时，党组织引导村民通过旅游业发展周边产业，如餐饮、手工艺品、交通服务等，推动多元产业的融合与发展，实现经济收入的多渠道增收。

（三）支持特色产业发展，推动集体经济结构调整

党组织通过培育和引导特色产业，推动集体经济从单一农业生产走向多元化。党组织协助村集体发现并发挥本地特色资源，如特色种植、养殖、传统工艺等，推动这些特色产业的发展。党组织还通过政策支持、资金引导和市场开拓，帮助乡村打造具有竞争力的特色产业品牌，增强集体经济的市场适应力与可持续性。

（四）组织创业与人才培训，激发乡村经济活力

党组织通过加强乡村创业和人才培训，为集体经济注入新的活力。党组织可定期组织创业培训班，引导村民通过创新思维转变观念，支持村民开展新兴行业或小微企业的创业活动。此外，党组织通过引导外出务工人员返乡创业，鼓励大学生、科技人才等群体参与乡村建设，为乡村带来先进的管理经验与技术，推动集体经济向更广阔的领域拓展。

第二节　产权改革是农村集体经济发展的坚实基础

产权改革是彭州市农村集体经济发展的核心保障，通过明确集体资产的所有权和使用权，有效避免了资源浪费与争议。在土地流转政策的推动下，农村土地资源得到了优化配置，提高了土地的利用率，并为新兴产业的兴起提供了基础。改革增强了农民参与集体经济的积极性，让他们通过股份分红直接享受经济收益。此外，改革促进了资本的引入和集体经济的多元化发展，为乡村振兴注入了强大动力。

一、产权明晰，确保集体资产安全

（一）产权界定避免资源浪费与争议

彭州市通过完善产权制度，明确集体经济组织与成员的产权归属，避免了土地资源、生产资料和其他集体资产的使用权争议。清晰的产权关系有助于优化资源配置，推动集体经济的有效利用。集体经济组织能够通过科学管理，确保资产的最大化使用，避免了不必要浪费和纠纷，提升了农村经济的整体效益。

（二）增强农民对集体经济的信任

明确的产权关系使得村民对集体经济组织产生了更多信任，促进了他们的参与感。村民明确知道自己的权益，包括土地收益、分红等，不仅增强了集体经济组织的凝聚力，也使农民愿意积极参与集体经济的建设和发展。这种信任有助于集体经济项目的顺利推进，并能够形成稳定的经济增长。

（三）保障集体经济合法利益

产权改革的核心是保护集体经济组织及其成员的合法权益。通过产权界定，村集体能够依法管理和运作其资产，不受外界干扰。相关部门也能够通过这一制度提供有效的法律保障和政策支持。产权的明确不仅增强了集体经济的可持续性，还为发展现代化农业、乡村旅游等产业提供了法律依据，进一步推动了经济的发展。

二、促进土地流转，提高土地资源利用率

（一）提高土地资源利用效率

彭州市将分散的土地资源集中起来，推动了规模化经营。这种流转方式有效减少了土地的低效使用，促进了资源的高效配置。土地的集约化管理不仅减少了闲置和浪费，也提升了农田的生产效益。土地的规模化使用使得农业生产更加专业化、现代化，符合现代农业的发展需求，提高了土地的综合利用率。

（二）促进集体经济增收

土地流转为集体经济组织带来了新的收入来源。通过将土地集中管理或与农企、合作社等主体合作，集体经济能够从土地租金、分红等多方面获益。这种收益的增加，不仅有助于集体经济组织实现自我发展，也为农村社会提供了更多的公共服务和福利。集体经济的收入增长为村庄发展提供了资金保障，促进了当地经济的持续增长。

（三）为新兴产业发展提供土地保障

土地流转释放了大量可用于发展农业、乡村旅游等新兴产业的土地资源。在彭州市，集中流转的土地为现代农业、休闲农业、乡村旅游等项目提供了充分的空间支持。规模化的农业生产和旅游项目能够充分利用土地资源，形成经济增长点。流转后的土地不仅能有效推动农业的规模化发展，也为乡村产业的多元化布局和经济结构转型提供了强有力的土地保障。

三、激发农民参与集体经济的积极性

（一）增强农民的经济利益驱动力

通过实施股份合作制，彭州市将土地、劳动力等资源转化为可直接参与的股

权，使农民能够通过投入资源获得股份和分红。这种方式激励农民更加积极地参与集体经济的经营管理。农民从集体经济中获得的经济利益，不仅提高了他们的收入水平，也增强了他们对集体经济模式的认同感。通过直接参与经济收益的分配，农民对集体经济的发展更加关注和支持，推动了集体经济的稳定发展。

（二）促进农民劳动力的有效投入

产权改革鼓励农民将劳动力投入集体经济中，不仅通过土地流转获得收益，还能在农业生产、乡村旅游、合作社管理等多方面发挥作用。通过这一改革，农民的劳动力得到了更好利用，同时也激发了农民的劳动积极性。村民通过参与集体经济的管理和经营，进一步提升了技能与知识，增强了集体经济的活力与创新能力。

（三）提升农民的集体经济治理参与感

改革让农民能够成为集体经济的“股东”和“管理者”，使他们对集体经济的运作和发展拥有更多的话语权和参与权。彭州市通过股份合作的模式，使农民在决策过程中有了更多的参与机会，不仅在经济层面获得利益，也在政治层面增强了对集体经济发展方向的参与感。这种管理方式提升了农民的责任感和集体意识，促进了集体经济的共同治理和可持续发展。

四、优化集体经济资源配置，推动多元化发展

（一）提升资源配置效率

产权改革使集体经济组织能够更好地整合和优化现有资源，通过资源的流转与资本化，提升了资源的利用效率。在彭州市，改革使得土地、资金和其他生产要素的配置更加合理，促进了集体经济组织在农业、旅游等领域的扩展。集体经济能够根据市场需求灵活调整资源配置，推动了各类资源向高效能产业流动，为多元化发展打下了坚实基础。

（二）增强资本实力，支持产业升级

改革后的集体经济组织通过资本化等方式，获得了更多的资金支持，使其在发

展新兴产业时拥有更强的资金实力。彭州市的集体经济组织借助改革后所获得的资金，成功引进了现代农业、乡村旅游、生态农业等产业，实现了产业结构的多元化。资本的引入不仅提升了集体经济的抗风险能力，也为其不断拓展新的经济领域提供了资金保障，推动了农村经济的转型升级。

（三）促进产业多元化与可持续发展

通过产权改革，彭州市的集体经济组织能够灵活选择投资方向，发展不同类型的产业。改革后，集体经济组织能够涉足现代农业、乡村旅游、生态农业等多个领域，使集体经济不再局限于传统农业生产。多元化产业的发展提升了集体经济的综合竞争力，同时推动了农村经济结构的优化。产业的多元化不仅增强了集体经济的活力，还使其具备了更强的可持续发展能力，推动了农村经济的长远发展。

五、吸引社会资本，推动集体经济壮大

（一）增强集体经济的规范性与透明度

产权改革通过明确集体经济组织的产权关系，规范了其运营模式，提升了集体经济的透明度和规范性。这种规范化管理使得集体经济组织能够在市场中树立起良好的信誉，提升了投资者的信心，增加了对外部资本的吸引力。彭州市通过改革推动了集体经济的专业化运营，使得集体经济更加具备市场竞争力，为吸引社会资本提供了有力保障。

（二）推动融资渠道拓展，吸引外部资本

随着产权改革的推进，彭州市的集体经济组织不仅能够通过传统的集体经济资金筹集方式获得资金支持，还能够通过引入外部投资和融资渠道，获得更多的资金来源。改革后，集体经济组织在融资方面更加灵活，能够与外部资本进行合作，引入社会资本和技术支持，推动集体经济项目的扩大与升级。社会资本的流入为集体经济的发展提供了强有力的资金支持，促进了乡村产业的发展和壮大。

（三）激发产业创新与市场活力

产权改革通过吸引社会资本的参与，激发了集体经济组织的创新活力。外部资本的引入不仅推动了现代农业、乡村旅游、绿色产业等新兴产业的发展，还加速了产业结构的升级与创新。彭州市的集体经济组织通过与社会资本的合作，积极引入新的技术和管理模式，推动产业的专业化和市场化发展，为集体经济的持续壮大注入了新的动力。

第三节　多元稳健是农村集体经济发展的基本思路

彭州市农村集体经济的发展注重多元稳健的基本思路，推动产业结构多样化，通过发展乡村旅游、现代农业、农产品加工等领域，提高经济韧性和抗风险能力。同时，强化财务管理和风险控制，确保资金使用的高效性和安全性。积极引导政策落地，促进传统产业转型升级，并推动新兴产业发展。通过技术创新提升生产效率，资源整合实现效益最大化，多元稳健的发展路径为农村集体经济的持续壮大提供了坚实保障。

一、多元化产业结构，增强经济韧性

（一）传统农业基础上的创新发展

彭州市在稳固传统农业生产的同时，积极引入现代农业技术和管理模式，提高农业生产效率与产品附加值。例如，通过推广高效种植技术和绿色生产方式，发展无公害农产品和有机农产品。此外，鼓励农业机械化和数字化管理，推动农业生产的转型升级，为农村集体经济奠定了坚实基础。

（二）乡村旅游与绿色生态农业的融合

彭州市大力发展乡村旅游，将自然资源、文化遗产与生态农业相结合，打造了具有地方特色的旅游品牌。通过整合农业生产与旅游资源，发展休闲观光农业和农

事体验活动，不仅吸引了大量游客，也带动了周边餐饮、住宿、文化体验等服务业的发展。这样的融合模式，不仅为农村集体经济注入了新动力，还促进了农村劳动力的本地就业与返乡创业。

（三）多产业链的协同与延伸

集体经济通过推进农产品加工和现代服务业，延伸了农业的产业链。例如，建设农产品加工厂、发展冷链物流系统，使初级农产品实现深加工，增加产品附加值。同时，依托现代信息技术，建立线上销售平台，为农村产品打开更广阔的市场。产业链的多样化与协同发展，不仅增强了农村经济的抗风险能力，还为农村集体经济的长期稳定发展提供了有力支持。

二、稳健的财务管理，保障集体经济可持续发展

（一）加强预算规划，优化资金使用效率

彭州市通过制定科学合理的预算规划，为农村集体经济提供了稳健的财务支持。在每一个经济项目启动前，集体经济组织都会根据实际情况制定详细的预算方案，明确资金来源与使用方向，确保资金分配科学合理。这种精细化的预算管理，不仅避免了资金的浪费，也降低了因盲目扩张而带来的财务风险。此外，通过定期的财务审计和资金使用情况评估，集体经济组织能够及时发现和纠正资金使用中的问题，进一步提高了资金使用效率。例如，在乡村旅游项目开发中，彭州市通过精细预算，避免了景点建设中重复投资和资源浪费现象，最终实现了经济效益与社会效益的双赢。

（二）加强财务监管

为确保集体经济的财务管理合法合规，彭州市积极加强对集体经济组织的财务监管。在制度层面，明确了集体资产管理、财务审批和报账等具体流程，确保每一笔资金流向透明化、公开化。此外，彭州市建立了多层次的监督机制，包括村级财务公开、镇级财务监管和市级专项检查，从源头上防范财务管理中的风险问题。通过外部审计机构的介入和定期财务公开制度的落实，不仅提升了资金管理的规范

性，还增强了村民对集体经济组织的信任感。例如，在实施土地流转和农产品加工项目时，透明的财务监管机制让村民明确资金流向，从而促进了他们对集体经济项目的支持与参与。

（三）建立风险控制机制，保障可持续发展

彭州市高度重视财务风险的管控，通过建立全面的风险控制机制，确保集体经济的长期稳定运行。具体措施包括设立风险储备金制度，为可能出现的市场波动提供应急资金支持；同时，通过多元化的投资策略分散风险，避免单一投资项目对整体经济的过度依赖。此外，集体经济组织还与专业的财务管理公司合作，引入现代财务管理工具和系统，提高风险识别与预警能力。例如，在发展乡村旅游过程中，彭州市通过风险评估机制，合理规划资金投入，避免了过度开发导致的资源浪费问题。这种全面的风险控制策略，不仅保障了集体经济的财务健康，也为其可持续发展提供了坚实保障。

三、政策引导与支持，促进产业转型升级

（一）土地流转政策促进农业规模化经营

彭州市通过实施土地流转政策，推动了农业的规模化经营和现代化发展。传统的分散式农业生产方式限制了农村经济的发展，而土地流转政策的实施，为实现土地集中利用提供了政策保障。农民将土地承包经营权流转给集体经济组织或龙头企业，使土地得以整合利用，提升了农业生产效率和经济效益。例如，彭州市集中发展特色农业项目，如高附加值的生态农业、观光农业等，实现了农业资源的高效配置。同时，土地流转政策还为农业机械化、现代化提供了条件，促进了农业技术的推广和应用，进一步提高了农业生产的规模效益。此外，通过设立专项资金对土地流转中的农民和企业提供补贴，减轻了流转成本，激励农民参与土地流转，形成了良性循环。

（二）股份合作模式推动产业升级

为了激励农民参与集体经济发展，彭州市积极推行股份合作制改革，赋予农民

对集体资产的股份权益。农民不仅可以直接分享产业发展的收益，还能更积极地参与产业转型升级。股份合作制的实施促使集体经济组织更加注重高附加值产业的发展，例如农产品深加工、品牌打造等领域。彭州市集体经济组织引入现代企业管理模式，提高了农村产业的市场竞争力。例如，在农产品加工领域，政府通过提供税收优惠政策和技术支持，鼓励集体经济组织投资高科技加工设备，将农产品加工成高附加值商品。这样的模式不仅提升了农产品的市场价值，还增加了农民的分红收入。

（三）税收优惠与专项支持推动新兴产业发展

彭州市在推动农村集体经济转型升级过程中，通过税收优惠政策和专项资金支持，为新兴产业的发展提供了有力保障。通过减免部分税收，鼓励集体经济组织和相关企业投资于绿色能源、环保技术、乡村旅游等高潜力领域。特别是在绿色能源和环保产业方面，彭州市出台了补贴政策，吸引社会资本和技术进入农村，推动了农村经济向绿色可持续方向发展。例如，在绿色能源项目中，集体经济组织通过补贴引入了光伏发电设备，不仅降低了项目启动成本，还通过电力销售为集体经济创造了持续收益。同时，专项资金支持使得集体经济组织能够承担研发创新成本，在技术革新和市场拓展方面取得突破。通过政策的精准引导和支持，彭州市农村经济在传统产业和新兴产业之间实现了平衡发展，为集体经济的持续壮大奠定了坚实基础。

四、创新驱动，提升生产效率与竞争力

（一）技术创新推动农业现代化

彭州市以技术创新为驱动，通过引入现代农业技术显著提升了农业的生产效率和经济效益。传统农业由于技术水平有限，普遍面临产量低、资源利用效率低的问题。而彭州市通过推广智能化灌溉系统、精准施肥技术以及病虫害监测预警系统，为农业现代化提供了有力支撑。例如，智能化灌溉技术根据土壤湿度和气象条件自动调节灌溉频率和水量，大幅降低了水资源浪费；精准施肥技术则通过监测作物生长状况科学分配肥料，减少了化肥使用量，提高了土壤质量和农产品的质量。与此

同时，还设立了农业技术推广服务中心，向农户和集体经济组织提供技术培训和咨询服务，进一步加快了新技术的应用普及。农业生产方式从经验型转向科学型，不仅提升了单位土地的产出，还增强了农业的抗风险能力，为农村集体经济的可持续发展奠定了基础。

（二）信息技术优化资源配置与管理

在集体经济的发展中，彭州市充分发挥了信息技术的优势，通过大数据和数字化管理手段优化资源配置和生产流程。集体经济组织借助大数据分析工具，能够实时掌握市场需求、生产成本和供应链状况，制定更加精准的生产计划。例如，在农产品供应方面，彭州市利用数字化平台建立了农产品追溯系统，消费者可以通过扫码了解产品的生产过程，提升了农产品的市场竞争力和品牌价值。同时，大数据分析还帮助集体经济组织预测市场价格波动，为销售决策提供科学依据，避免了市场风险。此外，数字化管理手段还被广泛应用于资源配置，如精准记录土地、劳动力和资金的使用情况，确保各类资源得到高效利用。通过信息技术的全面融入，集体经济组织从传统的粗放型管理向精细化管理转型，提高了经济运行效率和效益。

（三）管理创新增强集体经济组织竞争力

除了技术创新，彭州市还在管理模式上进行改革创新，进一步增强了集体经济组织的竞争力。通过引入现代企业管理模式，集体经济组织优化了组织架构和运行机制，实现了从传统模式向市场化运作的转变。例如，彭州市农村集体经济组织广泛采用股份合作制，明确了成员的权利和义务，极大提高了村民的参与积极性和经济组织的凝聚力。同时，集体经济组织通过建立科学的决策机制和绩效考核体系，增强了对市场变化的反应能力和资源配置能力。此外，管理创新还体现在人才引进和培养上，彭州市积极吸引农业技术专家、金融管理人才等加入集体经济组织，为其发展提供专业支持。通过管理模式的创新，集体经济组织不仅提升了内部运行效率，还增强了其应对市场竞争的能力，为集体经济的持续壮大注入了新的活力。

五、资源整合与协同合作，提升整体效益

（一）提高集体经济效益

彭州市在资源整合过程中，重点优化土地资源的配置和利用，推动了集体经济的稳步发展。土地作为农村集体经济的重要生产要素，在传统管理方式下，土地往往面临分散和低效的使用问题。为了突破这一瓶颈，彭州市推动了土地流转和集中管理，通过与农业企业、乡村合作社的合作，将土地进行规模化经营。集体经济组织通过优化土地使用结构，充分发挥农业资源的优势，使土地资源的价值得以最大化。同时，土地的流转还促进了产业结构的调整与升级，为农民提供了多样化的收入来源。土地资源的优化配置不仅提高了土地利用效率，也为集体经济的其他领域提供了支持，如乡村旅游和绿色生态农业的快速发展都离不开土地资源的有效整合和配置。彭州市实现了土地资源的科学配置，为农村集体经济的整体效益提升奠定了基础。

（二）资金整合与跨界合作，增强经济抗风险能力

资金的整合与协同合作是彭州市农村集体经济实现持续稳定发展的关键。彭州市注重资金的高效利用与跨界合作，特别是通过与金融机构和民间资本的合作，拓宽了集体经济的融资渠道。通过建立完善的资金平台，彭州市集体经济组织能够更好地获得融资支持，并通过金融产品的创新，推动资金的合理流动与分配。例如，通过设立专项扶持资金和政策支持，引导银行为农村集体经济提供低利率贷款；同时，集体经济组织通过与外部投资者的合作，引入社会资本参与项目建设。这种资金整合方式有效降低了集体经济发展的财务风险，确保了各类资源能够得到有效配置和利用。此外，跨界合作还促进了不同产业之间的融合，如农业与旅游业、农业与电商平台的结合，带来了巨大的经济效益。资金与跨界合作的有效整合，为彭州市的集体经济稳定发展提供了强有力的保障。

（三）产业链协同合作，提升整体生产效益

彭州市在推动农村集体经济发展过程中，特别注重产业链的协同合作。通过加

强与农业企业、乡村合作社和地方政府的协作，彭州市不仅提升了单一产业的效益，还通过形成产业链上下游的协作关系，实现了资源共享和效益最大化。彭州市通过优化产业链结构，加强农产品的加工和销售环节。例如，集体经济组织与农产品加工企业合作，推动农产品的深加工与包装，使得农村的传统农产品不再局限于原材料的出口，而是能够在市场上产生更高的经济价值。同时，集体经济组织还与电商平台合作，将本地特色农产品销往全国各地，进一步提升了产品的市场竞争力。此外，产业链的协同合作还推动了农村旅游、生态农业等新兴产业的发展，实现了多产业融合共生，带动了农村经济的全面升级。

第四节　抱团联营是农村集体经济发展的可行路径

通过资源整合，多个农村集体经济组织可以集中力量，优化土地、资金和技术的利用。这一模式有助于增强市场竞争力，通过联合经营，集体经济能够在更大范围内开展生产和销售，降低运营成本。此外，抱团联营使得集体经济组织在面对外部风险时能够共同分担，提升抗风险能力，从而推动农村经济的稳定和持续增长。

一、资源整合，提升集体经济效益

彭州市通过抱团联营实现了农村集体经济资源的整合。多个村集体经济组织联合起来，可以集中资源进行生产、技术推广、市场拓展等方面的协作，避免了单一经济体的资源分散和低效利用。集体经济组织通过共享土地、资金、技术等资源，降低了运营成本，并提升了整体产业的效益。此外，抱团联营还为集体经济的高效运作提供了更强的组织保障，确保了资源能够得到最大化利用。

二、增强市场竞争力，提升产业规模

抱团联营模式使农村集体经济组织在市场中更具竞争力。彭州市通过推动集体经济联合经营，提高了集体经济在农业、农村旅游、加工业等领域的市场占有率。集体经济组织通过抱团销售、联合采购等方式，不仅能够减少成本，还能够通过大规模的生产和营销提升品牌效应，增强产品的市场竞争力。规模化经营使得集体经济在面对

市场竞争时更加稳健，也能更好地适应市场需求的变化，提升产业规模和影响力。

三、分担风险，增强经济抗压能力

抱团联营通过合作分担风险，有助于增强集体经济的抗风险能力。在彭州市，农村集体经济组织通过联合经营在面对自然灾害、市场波动等不确定因素时，能够相互支援，降低单一集体经济组织因风险事件而造成的损失[①]。多个集体经济组织在合作中形成了一个共同的风险共担机制，在遇到市场不景气时，能够通过内部协作进行调整和应对，从而有效降低经营风险。合作型的集体经济模式也有助于提高农民收入的稳定性，减少外部风险对农村经济的影响。

四、推动产业升级，促进农村经济转型

彭州市通过抱团联营推动了农村集体经济产业的升级转型。不同集体经济组织的合作，促进了农业、乡村旅游、绿色农业、农产品加工等多个产业的跨界融合与共同发展。通过共享先进的生产技术、市场信息、专业人才等资源，集体经济能够向更加现代化、技术化、生态化的方向发展，推动农业产业的转型升级。例如，通过引入先进的农业生产技术和设备，联合开拓新型农业产业，集体经济不仅提升了农业生产效益，还促进了农产品的多元化发展和农民收入的提高。

五、增强社会影响力，提升公共服务功能

抱团联营还增强了农村集体经济组织的社会影响力，提升了公共服务功能。在彭州市，集体经济组织联合进行社会公益项目的投资与建设，如乡村基础设施、公共文化活动、养老服务等。这种合作不仅能推动集体经济的发展，还能改善村民的生活质量，提高社会的凝聚力和稳定性。抱团联营让集体经济组织能够在社会事务中发挥更大作用，推动了农村社会的共同发展与进步。同时，合作项目的实施也为集体经济组织带来了更多的社会认可与支持，进一步巩固了集体经济的社会基础和公共服务能力。

---

① 张语心．乡村振兴视域下新型农村集体经济的发展路径［J］．农业经济，2024（6）：48—49.

第五节 能人带动是农村集体经济发展的重要条件

彭州市通过引进具有专业知识和管理经验的能人，不仅提升了集体经济的运营效率，还为乡村带来了创新思维和新项目。同时，能人的示范效应鼓舞了更多村民积极参与集体经济，促进了人才的本地化和集体经济的多元化发展。能人的引领作用是集体经济持续发展的重要保障。

一、引领产业发展

（一）引领产业升级

能人凭借其在行业内的丰富经验，能够洞察市场趋势，及时引导农村集体经济向更具潜力和市场前景的产业领域转型。通过引入现代农业技术、乡村旅游和特色产业等，能促使农村经济结构的优化升级。他们不仅为集体经济注入新的活力，也推动了农业产业的现代化发展，为农村集体经济提供了更多的增收渠道。

（二）优化生产模式能人通常具备较强的技术创新能力，他们能引领传统农业从粗放式生产模式向精细化、智能化生产转型。通过引进新技术、新设备，在农业生产过程中推动精准农业、生态农业等现代生产方式。这些创新的生产方式不仅提升了土地利用效率，还有效减少了成本，提高了集体经济的整体生产效益。

（三）促进农民参与，增强集体经济活力

能人通过发挥示范带头作用，鼓励农民共同参与集体经济发展。他们不仅提供技术支持，还积极组织村民参与产业项目的实施与管理。能人通过股份合作等方式让农民分享集体经济的成果，从而增强了农民对集体经济的认同感和参与感。这种积极参与推动了集体经济的可持续发展。

二、促进技术创新

（一）引入现代农业技术，提升生产效益

能人通过引进现代农业技术，如智能化灌溉系统、精准施肥技术以及温控农

业，显著提高了农作物的产量和质量。这些技术使得土地和水资源的利用更为高效，减少了浪费，同时提升了产出的稳定性。通过这些技术的应用，集体经济组织能够在减少成本的同时，增加农业生产的总效益，从而推动农村经济的可持续发展。

（二）推动加工技术升级，提升产品附加值

能人通过引进先进的农产品加工技术和设备，不仅改善了产品的质量，还提升了产品的附加值。例如，在粮食加工、果蔬保鲜和食品加工领域，能人推动了生产线的自动化和智能化，增加了产品的深加工水平，拓宽了市场销售渠道。通过加工技术的创新，集体经济能够实现高附加值的产品转化，提高了集体收入和村民的收益。

（三）促进产业链整合，提高资源利用效率

能人通过整合农业生产、加工和销售环节，推动了产业链的升级与协同发展。例如，在农产品加工过程中，通过技术创新促进原材料的循环利用，减少了生产浪费，提高了资源的利用效率。此外，能人在生产和管理流程中的创新也促进了不同产业环节的无缝对接，从而提升了整个产业链的效益。

三、带动人才培养与本地化发展

（一）技术培训与技能提升

能人通过设立技术培训班、开展技术指导等方式，帮助本地农民提升技能水平，特别是在农业技术、管理技术以及现代服务业等领域。这些培训不仅增强了村民的就业能力，还帮助他们掌握更先进的生产技术和经营管理方式，提升了其参与集体经济项目的能力。通过持续的技术培训，能人促进了本地劳动力的整体素质提升，为集体经济发展注入了源源不断的活力。

（二）建立本地化的创业平台

能人在农村集体经济中通过引导本地人才参与创业项目，激发了本地居民的创

业精神。例如，能人可以通过帮助村民设立合作社或创业基金，提供资金、技术和管理上的支持，帮助本地居民成功创业。这不仅促进了经济多元化发展，也为本地居民提供了就业机会，减少了人口外流，推动了乡村经济的可持续发展。能人的引导和支持为本地创业创造了有利环境，并培育了可持续发展的本地产业。

（三）促进人才本地化发展与留乡

能人通过在本地实施发展项目，提供就业机会，帮助本地年轻人找到职业发展的方向，从而减少了农村人才外流的现象。能人不仅为留在家乡的年轻人提供了就业岗位，也为他们创造了自我发展的机会，如担任技术员、管理者或项目负责人等职位。这些本地化的项目和岗位为年轻人提供了扎根家乡、实现个人价值的机会，同时也为乡村集体经济带来了源源不断的人才支持，推动了乡村的创新和发展。

四、吸引外部资源，推动投资引进

（一）吸引资金支持与投资合作

能人凭借在行业内的影响力与广泛的人脉，能够为农村集体经济引入外部资本。通过与投资方、银行及金融机构的合作，能人可以推动集体经济获得项目融资、贷款支持以及风险投资等资金，助力其产业升级与扩展。资金的引入使得集体经济能够顺利启动大规模项目，进一步推动集体经济的多元化发展，并提高经济效益。

（二）技术引进与创新驱动

通过与外部企业或科研机构的合作，能人可以为集体经济引入先进的技术和生产设备，推动产业的创新和技术升级。例如，能人可以引进现代化农业技术、绿色环保技术或智能化管理系统，提升生产效率和产品质量。外部技术的引入不仅提高了集体经济的竞争力，还加速了传统产业的转型，为集体经济带来了新的发展机遇。

（三）扩展市场渠道与提升品牌价值

能人凭借其社会资源和市场拓展能力，能够帮助集体经济打开新的销售渠道，拓展市场空间。通过能人与外部商业合作伙伴的沟通与协调，集体经济可以进入更广泛的市场，提升产品的市场知名度和竞争力。此外，能人还可以帮助集体经济提升品牌价值，推动本地特色产品走向全国甚至全球市场，进一步增强集体经济的市场份额和经济效益。

五、增强集体经济的凝聚力与竞争力

（一）提高集体经济组织的凝聚力

能人的领导力和号召力是增强集体经济凝聚力的关键因素。他们通过自身的榜样作用，能够带动村民树立共同目标，鼓励村民积极参与集体经济项目。在能人的引领下，村民们能够形成团队精神和合作意识，消除内部的分歧和矛盾，使得集体经济组织能够更加高效地运作和管理。这种凝聚力有助于项目的顺利实施，推动集体经济向更高层次发展。

（二）促进专业化发展，增强竞争力

能人通常具备丰富的行业经验和专业知识，这使得他们能够在集体经济中引入专业化发展理念，提升组织的市场竞争力。通过为集体经济提供行业分析、市场调研和技术指导，能人能够帮助集体经济找到合适的发展方向，避免盲目跟风或重复劳动。此外，能人还能够通过改进生产工艺、提升产品质量和服务水平，帮助集体经济在竞争激烈的市场中占据有利位置，进而提升整体竞争力。

（三）抓住市场机遇

能人不仅在日常经营中发挥重要作用，还能够敏锐地捕捉市场变化，帮助集体经济把握发展机会。凭借其丰富的资源和行业网络，能人能够为集体经济寻找合适的市场拓展路径和商业模式，帮助其快速适应市场需求和政策变化。此外，能人还

能够通过持续的创新和改进，推动集体经济产品和服务的多样化，确保其能够持续发展，稳步提升市场份额，从而实现长期的经济效益提升。

第六节　农民受益是农村集体经济发展的根本要义

通过土地流转、股份合作等形式，农民能够直接从集体经济中获得经济收益，提升了收入水平。同时，集体经济的发展改善了农村基础设施，优化了生产和生活条件，增强了农民的参与感和归属感。通过技术培训和技能提升，农民不仅提升了生产效益，还增加了就业和创业机会。此外，集体经济为农民提供了更好的社会保障和福利，确保了其生活质量的提升。

一、提升农民收入，促进经济增长

（一）土地流转带来的租金收入

通过集体经济组织推动土地流转，农民能够将分散的土地资源交由集体经济统一经营，从中获得稳定的租金收入。彭州市在土地流转过程中，通过引入现代农业企业和高效农业项目，提升了土地利用效率，显著增加了农民的收益。土地的规模化经营不仅提高了经济效益，也为农民创造了更高的收入来源。

（二）合作社分红与股份收益

集体经济通过组建合作社或股份制企业，将农民的土地、资金和劳动力资源整合为股本，农民因此能够参与集体经济的利润分配。彭州市积极推动集体经济股份化改革，农民以土地或劳动力入股，按比例获得收益分红。这种模式使农民既是资源提供者，也是收益分享者，进一步促进了其收入增长。

（三）就业机会拓展与非农收入增加

集体经济发展为农民创造了多样化的就业机会，特别是在乡村旅游、农产品加工等非农产业中。通过发展这些新兴产业，农民不仅能够通过工资收入增加个人财富，还能通过自主创业获得更大的经济收益。此外，彭州市在发展集体经济的过程中加强了技能培训，使农民具备更多职业选择能力，推动了非农收入的持续提升。

二、改善基础设施，提升生活质量

（一）推进农村交通与基础设施建设

农村集体经济发展带来的资金积累为农村道路建设提供了充足的保障。彭州市通过集体经济的收益，修建并升级了农村公路、桥梁等交通设施，大幅改善了村民的出行条件。这不仅便利了农民的日常生活，还为农产品运输和销售提供了高效的物流支持，进一步促进了农村经济发展和农民收入提升。

（二）提升农村公共服务设施水平

通过集体经济的发展，彭州市加大了对公共服务设施的投入力度，例如建设村级卫生站、文化活动中心和教育设施。这些设施的完善为农民提供了更好的医疗、文化娱乐和教育资源，显著提升了农村居民的生活质量。同时，这种基础设施的完善也吸引了更多年轻人返乡创业，为农村集体经济注入了新活力。

（三）优化水利与电力设施建设

集体经济的资金积累支持了农村水利设施的建设和电力供应的改造。例如，彭州市通过投资修建水渠、蓄水池等设施，改善了农业灌溉条件，提高了农业生产效率。同时，电力设施的升级让农村生产生活更加便利，为发展农业机械化和村级工业化创造了条件。这些基础设施的优化不仅满足了农民的生产需求，也显著提升了生活的便利性和幸福感。

三、增强农民的参与感和归属感

（一）股份合作增强农民的利益绑定与参与意愿

通过推行股份合作制，农民可以以土地、资金或劳动力等资源入股，成为集体经济的“股东”。这种模式让农民不仅是劳动者，更是收益的直接分享者，从而增强了他们的利益绑定和参与意愿。例如，彭州市的股份合作社分红机制让村民真正感受到了集体经济发展的好处，进而激发了更多农民积极投入集体经济的建设中。

（二）农民享有话语权和决策权增强归属感

集体经济组织为农民提供了参与决策的平台，使他们在重大事项上拥有发言权和表决权。这种民主化的管理方式，不仅增强了农民对集体经济的信任和归属感，还提升了集体决策的科学性和合理性。比如，在集体经济发展的方向选择、资源分配等关键问题上，农民的意见被充分考虑，大幅提升了政策执行的有效性和农民的积极性。

（三）农民参与推动集体经济与乡村发展的深度融合

通过参与集体经济的运营，农民不仅获得经济收益，还在社会发展中发挥了更重要的作用。彭州市通过吸纳农民参与管理和运营，培养了农民的现代管理理念和集体责任意识。这种深度融合模式使集体经济与乡村发展相互促进，既增强了集体经济的内生动力，又提高了乡村社会的凝聚力，为可持续发展奠定了坚实基础。

四、促进农民技能提升，推动就业创业

（一）培训与教育提升农民专业技能

农村集体经济发展为农民提供了系统化的技能培训机会，特别是在现代农业技术、养殖技术等领域。例如，彭州市通过联合农业企业和合作社，开设培训班传授农机使用、精准施肥和病虫害防治等技术，大幅度提高了农民的专业技能。技能水平的提升不仅使农民能够更高效地参与农业生产，还增强了他们适应现代农业转型的能力，为就业和增收提供了保障。

（二）多领域技能拓展扩大就业机会

随着农村集体经济多元化发展，农民的技能需求已不仅限于传统农业生产。彭

州市通过推动农村电商、乡村旅游、文化创意等新兴产业发展，为农民创造了大量非农就业机会。例如，通过引进电商平台，农民学习了网络营销、物流管理等新技能，成功拓展了就业渠道。同时，乡村旅游的发展也让农民掌握了接待服务、手工艺制作等多方面技能，助力他们在新产业中找到稳定岗位。

（三）创业扶持激发农民发展潜力

农村集体经济的发展为农民提供了良好的创业环境，能人和企业的引导帮助农民将技能转化为创业成果。彭州市通过政策扶持、资金支持和技术指导，鼓励农民自主创业，如开设民宿、发展家庭农场或经营农村特色产品。集体经济的合作模式也降低了农民创业的风险，使他们能够通过合作的形式参与项目建设。创业机会的增加不仅提高了农民收入，还促进了乡村经济的繁荣与发展。

五、确保社会保障，提升农村福利

（一）提供医疗保障，减轻农民负担

随着集体经济的发展，农民的医疗保障水平得到了显著提升。彭州市通过集体经济组织，推动医疗资源的整合，为农民提供基础医疗保障服务。农民不仅能享受政府提供的基本医保，还能通过集体经济组织参与更多的医疗保障项目，确保他们在生病时能获得及时的治疗。这种医疗保障大大减轻了农民的经济压力，使其能够更专注于生产和生活，提高了农村居民的健康水平。

（二）养老保险机制建设，提升生活保障

集体经济的稳定发展为农民提供了更为可靠的养老保障机制。通过集体经济的财务支持，政府和经济组织能够为农民提供参加养老保险的机会。农民通过参与集体经济获得的收入，能够逐步积累养老金，为老年后的生活提供经济保障。这样的制度保障有效防止了农民老年时因没有积蓄而陷入困境，提升了农村老龄群体的生活质量，增强了社会的稳定性。

（三）教育支持，增强农村发展的潜力

农村集体经济发展不仅关心农民自身的福利，还为其子女提供了更多的教育机会。通过集体经济组织的支持，彭州市加强了对农村教育的投入，如设立奖学金、提供教育补贴等，为农民子女的教育提供保障。此外，集体经济组织还通过合作社、企业参与等方式，推动本地职业技能培训和农业技术教育，提升农民子女的就业竞争力。这些举措为农村的可持续发展提供了人才支持，进一步改善了农民家庭的生活质量。

第九章　发展新型农村集体经济的未来展望

新型农村集体经济的发展将是推动乡村振兴战略实现的重要组成部分。随着政策的不断完善和科技创新的不断推进，未来的农村集体经济将逐步呈现出多元化、高效化、可持续化的特点。

一、农业现代化的深入推进

随着科技的不断进步，农业现代化已成为推动农村集体经济发展的关键动力。彭州市在农业现代化进程中，通过引入智能化设备、无人机、精准农业等先进技术，不仅提高了农业生产效率，还改变了传统农业的生产模式。智能化设备的应用使农民能够更精确地管理田地，减少人工操作的误差，提高了作物的产量与品质。此外，精准农业技术通过数据采集与分析，能够精确调整施肥、灌溉和农药喷洒量，从而优化资源利用，提高农业生产的可持续性。这些现代化技术的引入，使得农业生产不再依赖于传统的经验和劳动，而是转向更加智能化和高效的操作模式，提升了农村集体经济的竞争力。彭州市在推动农业现代化的过程中，加大了对农业基础设施的投资，不仅改善了水利、交通、电力等基础设施，还推动了数字化农业平台的建设，为农业生产提供了更加坚实的支撑。

通过完善的信息技术系统，农业生产者可以实时监控土壤湿度、气候变化等因素，精确制定生产计划，提高了农业生产的灵活性与应对突发事件的能力。基础设施的不断完善，尤其是在远程监控、气象预测和数据分析等领域的创新，使得农业生产更加科学、精准，进一步推动了农村集体经济的高质量发展。不仅如此，农业现代化的推进还促进了农村经济结构的优化升级[①]。传统农业主要依赖种植和养殖，

① 邹国良，何玟，欧阳倩．新型农村集体经济高质量发展赋能共同富裕——基于20个革命老区的实证[J]．统计与决策，2024（13）：28－33.

而现代化农业技术的应用使得农村集体经济不仅能继续发展传统农业，还能够延伸至更加科技化、生态化和集约化的领域。例如，利用农业废弃物进行有机肥料生产、发展智能温控大棚农业、推动绿色能源项目等，都是农业现代化转型的具体表现。通过这些创新，彭州市不仅提高了农业生产效益，还减少了环境污染，实现了经济发展与生态保护的双赢。

二、产业融合与集体经济多元化

未来农村集体经济发展的一个关键趋势是产业的多元化和融合。随着市场需求的变化和科技的进步，传统的农业产业已无法满足现代经济发展的需求，农村集体经济亟需从单一的农业生产向多元化、综合性产业链发展。这一转型不仅可以提高集体经济的韧性，还能带来更多的经济效益，增强集体经济的抗风险能力。通过促进农业、乡村旅游、电商、农产品加工等多个行业的深度融合，彭州市将逐步实现集体经济的多元化，打破单一农业的局限，为农民提供更多收入来源。农业与乡村旅游的融合发展，将成为推动农村集体经济多元化的重要动力。彭州市充分利用丰富的自然资源和文化资源，通过大力发展乡村旅游，推动了农产品的销售和农村基础设施的改善。农业和旅游的融合不仅带来了旅游业的繁荣，还推动了农村集体经济的转型升级。农民通过参与乡村旅游项目，不仅能增加收入，还能借此机会提升自我素质，推动农村经济的多元化和可持续发展。此外，乡村旅游的快速发展还促进了地方特色农产品的销售，为农业产业注入了新的活力，形成了产业联动效应。

近年来，电子商务在农村的快速发展，为农产品的销售打开了广阔的市场。通过农民合作社与电商平台的合作，彭州市农民可以通过线上平台直接销售自家生产的农产品，增加了收入。此外，电商的推广还帮助了农民掌握现代营销技能，提高了农业生产的附加值和市场竞争力。电商与农业的结合，不仅推动了农业的现代化，也为农民提供了更加便捷的销售渠道，使集体经济在互联网时代获得了新的发展空间。通过发展农产品加工产业，彭州市不仅能提高农产品的附加值，还能够推动地方特色产业的发展。农民不仅可以从事初级农业生产，还可以参与到农产品加工、包装和销售等环节，提高收入水平。集体经济通过引导农民参与农产品加工产业链，帮助农民掌握新的生产技术和管理模式，进一步促进农业产业的升级和农民收入的增长。产业融合的推进不仅推动了农村集体经济的多元化发展，还增强了经济体系的整体稳定性。通过政策的引导和资金扶持，农村将逐步建立起一条综合性、循环性、可持续的产业链条，打破单一农业产业对集体经济的制约，提高集体经济的抗风险能力。产业融合使农村集体经济不再依赖于某一单一产业，而是形成了一个多元化的经济体系，能够应对市场的变化和挑战，确保集体经济的长期稳定发展。

三、绿色生态农业的发展

随着全球对环境保护和可持续发展的日益重视，绿色生态农业成为农村集体经济发展的新方向。绿色农业强调生态保护、资源节约和环境友好，其目标是通过优化农业生产方式，不仅提高农业生产效率，同时减少对生态环境的负面影响。未来，农村集体经济将逐步转型为绿色生态农业模式，推动农业生产向低碳、环保、可持续的方向发展，这将为农民带来更高的收益，也为农业的长远发展奠定基础。在传统农业生产模式下，大量使用化肥和农药虽然能短期提高产量，但却不可避免地对环境造成了污染，农产品质量也容易受到影响。相比之下，绿色生态农业提倡使用有机肥料、生物农药等绿色生产方式，这不仅能有效避免土壤和水源污染，还能提升农产品的质量，满足市场对绿色、健康农产品的需求。绿色生态农业生产的农产品更具市场竞争力，能够赢得消费者的青睐，提升品牌形象和附加值。随着消费者环保意识的增强，绿色生态农产品将逐渐成为市场的主流，为农村集体经济创造更多的经济效益。

长期以来，过度使用化学品和不合理的耕作方式加剧了土地的退化，造成了土壤肥力的下降。绿色农业通过实施轮作、休耕、种植绿肥等方式，有助于恢复土壤的肥力和生态平衡，保持土地的可持续利用性。绿色农业强调资源的循环利用，推动农业废弃物再利用，如将农作物秸秆作为肥料，或用于生物质能源的生产，减少了废弃物对环境的负面影响，同时提升了土地的生产能力。通过这种可持续的农业模式，农村集体经济不仅能够保护土地资源，还能为后代留下丰厚的生态遗产。农村经济的转型不仅仅是经济结构的调整，更是生产方式和发展理念的升级。通过大力发展绿色农业，农村集体经济将逐渐摆脱传统农业的低效模式，走向生态农业的可持续发展道路。这不仅有助于农村经济的绿色转型，还能带动农村基础设施建设的升级。例如，绿色农业生产的推广需要建设更多的生态农业示范基地、绿色农产品加工厂等基础设施，这将为农村地区创造更多的就业机会。绿色农业的推广还将带动乡村旅游等相关产业的发展，使农村经济更加多元化和可持续。随着绿色农业模式的逐步推广，农民的生产理念将从传统的高产导向转向高质量和可持续发展导向。农民不仅要掌握新型的农业技术，还要积极学习绿色环保知识，提升环保意识和现代农业技能。这些知识和技能的提升将帮助农民提高生产效率和农产品质量，推动农村经济的发展。与此同时，农民对绿色农业的认同感也有助于推动绿色农业的发展，形成良性循环。

四、乡村治理与集体经济协同发展

随着乡村治理体系的不断完善，农村集体经济在资源配置和经营管理方面将得到显著优化。基层组织建设、党组织的引领作用以及法治建设将发挥至关重要的作用。只有通过有效的治理机制，才能确保农村集体经济实现高效运行，并创造出更加规范、可持续的经济模式。基层组织作为乡村治理的核心力量，承载着集体经济发展的实施任务。通过加强基层组织建设，提升组织的凝聚力和战斗力，农村集体经济将能够形成更为强大的执行力。这不仅包括对农业生产的统筹管理，还包括对资源、技术和资金的优化配置。有效组织建设可以促进集体经济资源的科学规划和调配，提高资金利用效率，避免资源的浪费和分散，推动集体经济向更加高效和可持续的方向发展。党组织不仅是政治引领的核心，也是经济发展的关键支撑。随着党在基层组织中的作用不断加强，农村集体经济能够更好地与国家政策对接，确保各项政策和措施得到有效贯彻落实。在乡村振兴战略的推进过程中，党组织还能够为农民提供思想政治工作，增强农民的集体意识和组织凝聚力，为集体经济的快速发展提供了政治保障。同时，党组织通过推动基层组织与农民之间的互动，帮助他们明确发展方向，增强对集体经济的参与感和认同感，从而推动集体经济持续健康发展。

健全法治环境能够为农村集体经济提供更加规范和透明的运行机制，减少法律风险和管理成本。加强法律法规的宣传和普及，提升农民的法律意识，使他们能够在集体经济的运行过程中合法合规地参与，从而保障了集体经济的可持续发展。通过法治手段，进一步规范集体经济的管理和运营，消除不合理的利益分配，提升集体经济的透明度和公信力，增强社会资本对农村集体经济的信任和支持，最终促进农村集体经济的长远发展。此外，社会资本和技术资源的引入将为农村集体经济带来更多的创新机会。随着乡村治理水平的提升，政府将能够通过政策引导和资金扶持，吸引更多的社会资本进入农村集体经济。社会资本的引入不仅能够为农村集体经济提供充足的资金支持，还能够推动产业升级，带来先进的技术和管理经验。例如，许多农业企业、金融机构以及科技企业通过与农村合作社的合作，提供技术支持和资金保障。同时，技术资源的引入将进一步提升集体经济的生产效率和市场竞争力，推动农业、乡村旅游、农产品加工等行业的深度融合，拓宽农村集体经济的发展路径。通过政府、市场、社会组织等各方力量的共同参与，乡村治理能够在优化集体经济发展环境的同时，为集体经济带来更加广泛的合作机会。政府通过政策支持和资源配置，引导社会资本和技术资源的进入，为集体经济提供外部支持。同时，集体经济通过与市场的对接和合作，能够更好地满足市场需求，增强自身的市场竞争力，推动乡村经济向多元化、创新化方向发展。

五、科技创新驱动下的新型农村经济模式

随着科技创新的不断推进，农村集体经济正逐渐向智能化、数字化的方向发展。信息技术、大数据、人工智能等先进科技手段的应用，为农业生产和农村经济管理提供了新的机遇。特别是数字乡村的建设，为农村经济发展打开了新的空间，极大地拓展了农民参与市场竞争的渠道，推动了农村经济的可持续发展。通过现代化的信息技术，农村集体经济可以实现精准农业。利用传感器、物联网技术，农民可以实时监测土壤湿度、气温、气压等环境参数，从而精确控制灌溉和施肥等环节，避免资源浪费。例如，利用大数据对气候、土壤、作物生长等信息进行分析，能够为农业生产提供精准的决策支持，帮助农民选择最佳的种植方式和时机。此外，人工智能技术的应用，也使得农业生产的自动化水平逐渐提升，减少了对人力的依赖，提升了生产效率和农产品的质量。

通过互联网技术的普及，农民可以轻松接触到全国乃至全球的市场，拓宽了销售渠道。数字平台的建设不仅帮助农民销售农产品，还推动了农业供应链的优化。农民能够将自己的产品直接销往城市，甚至出口到海外市场。这种“线上线下”融合的商业模式，使得农村集体经济能够更好地融入现代市场，增加农民的收入。此外，数字化的普及还促进了农村金融服务的发展，农民可以通过互联网平台获得贷

款、保险等金融服务，提高了农业投资的效率，进一步推动了农村经济的发展。数字化和智能化的管理系统能够帮助农村集体经济组织实时监控生产进程，对每一环节进行精细管理。例如，使用智能管理软件对农业项目进行全面规划与调度，能够实现生产计划、物流配送、财务管理等环节的无缝衔接，提升集体经济组织的运营效率。此外，科技手段还能够促进农村合作社和农企之间的协同合作。农民和企业能够通过数字平台实现信息共享和资源整合，减少中间环节，提高供应链的运作效率，进而提升集体经济的整体竞争力。随着技术的不断进步，农村集体经济将在未来迎来更多的发展机会。科技创新不仅为传统农业注入了新的活力，也为农村经济的多元化发展提供了可能。数字乡村的建设和科技手段的普及，必将推动农村集体经济向更加智能化、数字化的方向发展，为农村经济的可持续增长奠定更加坚实的基础。

六、人才支持与农民培训体系完善

为了促进农村经济的现代化转型，政府和社会各界正加大对农村人才的引进和培养力度。通过制定人才引进政策和完善培训体系，农村集体经济将在未来获得更多的人才支持，推动产业发展和技术创新。同时，提升农民的技能，尤其是现代农业技术和管理能力，将为农村经济注入新的活力和动力。政府应积极推动人才引进政策，鼓励更多的青年人才返乡创业。在大力发展农村经济的过程中，青年人才的参与将极大提升农村产业的创新力与竞争力。越来越多的青年人选择在城市寻找更好的就业机会，这使得农村地区的人才短缺问题愈加严重。因此，需要通过政策扶持，为青年人提供创业支持，鼓励他们将创新和技术带回农村，推动乡村经济发展。例如，可以提供财政补贴、税收减免、创业贷款等优惠政策，降低创业门槛，鼓励青年农民回乡创业，发展新型农业产业、乡村旅游、电商等项目，为农村集体经济注入新鲜血液。

农村集体经济的持续发展离不开农民技能的提高，尤其是现代农业技术和管理方法的推广。现代农业要求农民具备较强的技术能力，如精准农业技术、智能化设备的使用等，传统农业模式已难以满足经济发展和市场需求。为此，政府和相关组织可以通过建立专业的培训中心、举办农业技术培训班等方式，提高农民的生产技术水平。此外，农村集体经济组织可以与农业高校、科研机构合作，引进先进的农业技术和管理经验，通过实践操作培训，让农民了解并掌握最新的农业技术和管理理念。通过技术培训，农民将能够更好地适应现代农业发展的需求，并为农业增值提供支持。随着乡村振兴战略的深入实施，农村经济结构逐步由传统的单一农业产业向多元化产业转型。农业产业的现代化、农村服务业的创新、乡村旅游的开发展示出巨大的潜力，而这些都需要具备一定专业能力的人才支持。因此，推动农业人才的引进和培训不仅有助于提升农民的技术水平，还将为农村产业结构的转型升级提供关键支持。通过培养和引进各类专业人才，农村集体经济将能够更好地利用科技手段推动农业现代化。

通过为农村提供多样化的就业和创业机会，将为农民提供更广泛的职业选择，改变单一的农业从业模式。培养和引进人才不仅会提升农业生产力，还能推动乡村社会的全面进步。随着更多青年人才的参与，乡村经济将迎来更加多元化的产业结构，农村居民的收入来源将更加多元化，社会发展将更加均衡和稳定。通过优化人才引进和技能培训体系，未来农村集体经济将逐步实现从传统农业向现代化产业体系的转型，推动乡村振兴战略的落实。加强人才支持和农民培训不仅为农村经济注入活力，也为农民提供了更多的就业机会和创业空间，进而推动农村经济的可持续发展和农村社会的全面进步。

七、金融支持与资本注入

为了保障农村经济的可持续发展，未来金融政策需要进一步加强对农村经济的支持，通过创新金融产品和服务体系，为农村经济提供更加多元化和灵活的资金支持。政府、金融机构以及社会资本的协同合作，将成为推动农村集体经济发展的核心动力。为了帮助农村集体经济克服资金短缺问题，政府应通过提供低息贷款、财政补贴、税收优惠等政策手段，降低农村经济主体的融资成本。例如，可以为农业合作社、农村企业等提供专项贷款资金，支持其进行设备更新、技术创新、市场拓展等活动，提升其生产和经营能力。此外，政府还可以推动农村地区金融基础设施建设，鼓励银行、保险等金融机构在农村设立分支机构，提供更加便捷的金融服务。通过这些政策支持，可以有效降低农村集体经济的资金压力，助力其快速发展。为了满足农村经济多样化的资金需求，金融机构应积极推出适合农村的金融产品。比如，针对农业生产季节性、周期性特点，金融机构可以推出灵活的信贷产品，支持农民和农村企业在生产旺季时获得充足的资金供应；针对农村集体经济组织的长周期发展，金融机构可以提供长期贷款、股权融资等金融工具，支持其扩大生产规模、进行产业升级。同时，随着农村电商、乡村旅游等新兴产业的兴起，金融机构应根据新型产业的特点，设计相应的金融产品，帮助农村经济抓住新的发展机遇。

社会资本和民间投资的引入，将为农村集体经济注入强大的发展动力。在传统的资金支持方式中，政府、金融机构的资金仍然占据主导地位。然而，随着市场化改革的深化，吸引社会资本和民间投资参与农村集体经济将成为一种趋势。通过政策引导和市场机制的作用，农村集体经济将吸引更多的社会资本进入。例如，政府可以通过设立风险补偿基金、提供税收优惠等方式，吸引民间投资参与农村基础设施建设、农业产业链条拓展等项目。此外，农村集体经济还可以通过股权融资、债券融资等多种方式，吸引社会资本的注入，进一步推动产业升级和经济发展。金融机构应针对农村经济的具体需求，创新服务模式，提供精准的金融服务。银行、保险公司、投资机构等应加强与农村集体经济的对接，形成专门的农村金融服务团队，为农村集体经济提供量体裁衣的金融解决方案。同时，政府可以鼓励农业合作社、农村企业与金融机构建立长期合作关系，推动金融服务更加精准、高效，确保农村集体经济能够顺利获得所需资金支持。

八、城乡融合与共同富裕的实现

随着国家对乡村振兴战略的深入推进，城乡融合将成为实现共同富裕的重要路径。未来，农村经济的发展不仅仅依赖于农业的提升，还需要实现与城市经济的紧密联动，通过资源共享、优势互补，为农村经济注入新的活力，推动农村居民的生活水平持续提高。城乡融合的实现将通过政策支持、基础设施建设、人才流动以及资本流动等多重手段，促进农村与城市的协同发展。政府在城乡融合过程中应发挥重要作用，制定具有引导性和执行力的政策，推动农村与城市的互联互通。通过优化资源配置，提升农村公共服务水平，政府能够为城乡融合提供良好的政策环境。例如，可以通过税收优惠、财政补贴等方式，鼓励企业在农村投资建设产业园区、生产基地等，推动工业和农业的深度融合。同时，加大对农村基础设施建设的投入，提升教育、医疗、交通等公共服务设施，让农村居民享受到与城市居民平等的服务水平。农村将逐渐向城市靠拢，资源的流动和共享将进一步促进城乡一体化发展。

为推动城乡融合，必须加大对农村基础设施建设的投入，改善交通、信息、能源等基础设施，提升农村生产、生活的便利性。例如，可以通过建设高质量的公路、铁路等交通网络，缩短城乡之间的物理距离；通过推动农村宽带网络的建设，提高信息技术的普及度，为农民提供更多参与数字经济的机会；同时，推进绿色能源的使用，减少农村能源资源的浪费，提升能源利用效率。随着基础设施的不断完善，城乡之间的互动和经济往来将更加顺畅，农村集体经济的转型升级也将得到有力保障。随着经济全球化和技术的快速发展，人才和资本的流动已成为推动经济发展和社会进步的重要力量。在城乡融合的过程中，人才的流动将是促进农村集体经济发展的重要途径。可以通过提供各类支持政策，鼓励城市人才向农村流动，带动科技、教育、管理等领域的创新和发展。同时，通过引导资本向农村投资，促进农村集体经济的多元化发展。可以建立创业孵化平台、支持农村产业的金融服务等，为资本流动提供良好的保障，吸引更多投资者关注农村经济。通过这些举措，城乡之间的人才和资本流动将带动资源的优化配置，推动农村集体经济和城市经济的有机融合。随着城乡之间经济、文化的逐步融合，城市和农村居民的观念差异将逐渐缩小，城乡一体化的社会认同感将增强。农村居民的收入水平和生活质量将得到显著提升，他们的社会地位和参与感也会有所增强。这种社会认同感的提升将为共同富裕的实现提供强大的社会基础，使城乡居民之间的差距逐步缩小，实现真正意义上的共同富裕。

参考文献

[1] 董法尧，郭坤龙．发展新型农村集体经济促进共同富裕的创新路径——以成都彭州市龙门山镇为例［J］．山东干部函授大学学报（理论学习），2023（8）：23－28.

[2] 杨慧．新型农村集体经济与“三治融合”协同发展的乡村振兴路径——基于彭州市的调查［J］．西部发展研究，2021（2）：119－134.

[3] 葛宣冲，王静．乡村数字经济与新型农村集体经济的耦合互动发展［J］．江苏社会科学，2024（5）：153－162.

[4] 高鸣，魏佳朔，宋洪远．新型农村集体经济创新发展的战略构想与政策优化［J］．改革，2021（9）：121－133.

[5] 张晓山．发展新型农村集体经济［J］．农业经济与管理，2023（1）：1－4.

[6] 舒展，曾耀岚．发展新型农村集体经济：现实困境与可能路径［J］．哈尔滨工业大学学报（社会科学版），2022，24（5）：144－152.

[7] 高静，杨云皓，伍瑞．新型农村集体经济发展测度、地区差异和路径探析［J］．西南大学学报（自然科学版），2024，46（12）：127－141.

[8] 邹国良，何玟，欧阳倩．新型农村集体经济高质量发展赋能共同富裕［J］．统计与决策，2024，40（13）：28－33.

[9] 孙晓凯．新型农村集体经济的有效发展模式探索［J］．人民论坛，2023（3）：77－79.

[10] 潘璐，戴小燕．发展新型农村集体经济的基层困境与现实悖论［J］．中国农业大学学报（社会科学版），2023，40（2）：39－54.

[11] 罗明忠，刘雨朦，魏滨辉．新型农村集体经济发展对劳动力回流的影响：“安居”与“乐业”［J］．农林经济管理学报，2024，23（3）：263－272.

［12］周笑梅，杨露露，陈冬生．乡村振兴战略背景下推进新型农村集体经济发展研究［J］．农业经济，2024（2）：45－46.

［13］李文嘉，李蕊．新型农村集体经济发展的现状、问题及对策［J］．人民论坛，2023（15）：56－58.

［14］王洪平．发展新型农村集体经济应当坚守的法治底线［J］．理论学刊，2023（3）：150－158.

［15］龚燕玲，高静，刘畅．新型农村集体经济发展的逻辑进路与案例剖析［J］．农林经济管理学报，2023，22（4）：478－486.

［16］张语心．乡村振兴视域下新型农村集体经济的发展路径［J］．农业经济，2024（6）：48－49.

［17］张克俊，付宗平．新型农村集体经济发展的理论阐释、实践模式与思考建议［J］．东岳论丛，2022，43（10）：105－114，192－193.

［18］胡凌啸，舒文，周应恒．产权改革促进新型农村集体经济发展的效能及深化方向［J］．农业经济问题，2024（2）：87－97.

［19］朱艳．新型农村集体经济引领共同富裕的典型模式、发展困境及对策研究［J］．农业经济，2024（5）：41－44.

［20］李婷，王建华，朱炳钦．全面推进乡村振兴视域下新疆新型农村集体经济发展研究［J］．农业经济，2024（11）：66－68.

［21］邹国良，何玟，欧阳倩．新型农村集体经济高质量发展赋能共同富裕——基于20个革命老区的实证［J］．统计与决策，2024（13）：28－33.

后 记

农村集体经济是社会主义市场经济的重要组成部分，是提高农民组织化程度的重要载体，是坚持和完善统分结合的双层经营体制的制度基础。农村集体经济的发展，不仅关系到农民的切身利益，关系到农村改革和发展的大局，而且关系到中国广大农民坚持走社会主义道路这一根本问题。在农村改革和发展的过程中，必须不断解放思想，实事求是，一切从实际出发，积极探索集体经济的多种实践形式，积极探索发展村级集体经济的多种途径，坚定广大农民走社会主义道路的信心与决心，引导他们走上共同富裕的道路。

随着农村集体产权制度改革的深入推进，集体资产逐步厘清、成员身份有效界定、产权归属更加清晰，新型农村集体经济组织逐步建立。与传统农村集体经济组织相比，新型农村集体经济组织以家庭联产承包责任制为基础，按现代产权制度要求进行改革，以成员间的自愿合作、自愿联合等为前提，依托村一级集体单位发展经济，实现成员共同富裕的一种经济组织新形态。

编写本书重要的意义在于从理论及实践层面深入研究新型农村集体经济对农业、农村、农民发展的重要作用，通过彭州探索新型农村集体经济发展的案例，更直观地为发展新型农村集体经济提供经验总结和实践借鉴。本书在组织编写过程中得到了彭州市级各部门的大力支持和协助。在此，谨对所有支持和帮助本书编辑工作的领导、专家和同志表示衷心的感谢。与此同时，感谢编委会成员在专著选题方向和内容上的精心策划，第一主编完成 1—4 章内容的撰写，第二主编负责第 5—6 章内容的撰写，第三主编负责 7—9 章内容的撰写。虽然编撰人员在本书的编写过程中付出了大量精力，但难免存在疏漏和不足，恳请广大读者批评指正！